御朱印でめぐる全国の神社

開運さんぽ

御朱印、頂けますか？
のひと言からはじまる幸せ

もともと、お寺で納経をした時に、
その証として授与していた御朱印。

今では参拝の証として、
気軽に頂けるようになり、
最近では女性を中心に
集める人が増えています。

集めてみたいけれど
なんだか敷居が高そうで
踏み出すのをためらっていませんか？

大切なのは感謝の気持ちとマナー。
（マナーは本書で詳しくお伝えします！）

平安神宮

本書では、御朱印がすばらしい、
御利益が凄い、と評判の神社を
全国七万社から厳選しました。

取材を通じて、すばらしい
御朱印とたくさん出会いました。

結婚や出会い、金運、仕事運……。
参拝や御朱印集めがきっかけで
幸せになった話を神社の皆さんから
たくさん教えてもらいました。

初めてでも
「御朱印、頂けますか?」と
勇気を出して、ひと言を。

きっと神様と御朱印が、幸せを
運んでくれることでしょう。

本書の楽しみ方

御朱印集めが楽しくなる情報と運気アップの秘訣を詰め込みました。初めての方は第一章から、ツウの方は第三章から読むのがおすすめ。もちろん御朱印をぱらぱら眺めるのも◎です。

目次　御朱印でめぐる全国の神社～開運さんぽ～

高千穂神社　天岩戸神社　阿蘇神社
富士山（山梨・静岡）……54
富士山本宮浅間大社　富士山頂上浅間大社奥宮　北口本宮富士浅間神社
河口浅間神社　新屋山神社
番外編　伊勢志摩（三重）……58
開運お伊勢参り　二見興玉神社　猿田彦神社　神明神社（石神さん）

第四章　御利益別！　今行きたい神社

Part 1　総合運

出羽三山神社（山形）……64
神田神社（東京）……66
日枝神社（東京）……68
箱根神社（神奈川）……70
嚴島神社（広島）……72
宇佐神宮（大分）……74
岩木山神社（青森）……76
日吉大社（滋賀）……77
氣比神宮（福井）……78
日光東照宮（栃木）……79
日光二荒山神社（栃木）……80
まだまだあります！【総合運】神社の御朱印……82

Part 2　縁結び

京都恋愛運up御朱印めぐりコース……84
上賀茂神社　下鴨神社　今宮神社　平安神宮　貴船神社
川越氷川神社（埼玉）……90
東京大神宮（東京）……92
江島神社（神奈川）……94
北野天満宮（京都）……126
太宰府天満宮（福岡）……128
北海道神宮（北海道）……130
愛宕神社（東京）……131
湯島天満宮（東京）……132
武田神社（山梨）……133
上新田天神社（千里天神）（大阪）……134
豊國神社（京都）……135
波上宮（沖縄）……136
まだまだあります！【仕事◇学業】神社の御朱印……137

Part 6　レア御利益

安井金比羅宮（京都）……140
高家神社（千葉）……141
日根神社（大阪）……142
まだまだあります！【レア御利益】神社の御朱印……143

COLUMN

お気に入りの御朱印はコレ！　1……24
一ノ宮めぐりで頂く御朱印……34
1日神主体験……62
お気に入りの御朱印はコレ！　2……104
宿坊に泊まる……138

本書をご利用になる皆さんへ

※本書に掲載の神社はすべて写真・御朱印の掲載等許可を頂いています。掲載許可を頂けなかった神社は掲載していません。
※本書のデータはすべて２０１５年３月現在のものです。拝観時間、各料金、交通機関の時刻等は時間の経過により変更されることもあります。また、アクセスやモデルプランなどにある所要時間はあくまで目安としてお考えください。
※神社名・神様の名称・施設名等は各神社で使用している名称に準じています。

御朱印は書き手と自分の思いが詰まったアート

女優、デザイナー、シンガーと多彩な才能を発揮している篠原ともえさん。彼女の趣味のひとつ、御朱印集めの楽しさについて伺いました。

御朱印を知った時の衝撃!

もともとお寺や仏像が好きで、かなりの数のお寺を訪れていました。仏像めぐりの旅番組にも出演させて頂いていて、お守りや散華《さんげ》、お御影《みえ》などは、たくさん持っていたんです。そんな時、番組で共演させていただいた藪内《やぶうち》佐斗司《さとし》先生から御朱印の存在を教わり「こんなにかっこいいものがあるんだ!」と、もう衝撃でしたね。同時に「今まで頂かなかったなんて、もったいないことをした!」と大後悔。それからすっかりハマってしまい、お寺はもちろん、神社でも御朱印を頂くように。あっという間に一冊分の御朱印が集まりました。

手のひらサイズのアート

私にとって寺社は美術館。仏像や建物を、デザインを見るような感覚で、空気を感じながらゆっくりと参拝しています。そして御朱印は、寺社の個性だけでなく、書き手と自分の思いが詰まった、手のひらサイズのアートのようなもの。奈良・中宮寺の如意輪観音《にょいりんかんのん》の御朱印は女性らしさにうっとりしますし、同じ奈良の薬師寺のものは足あとの印がかわいい! 福井の大安禅寺《だいあんぜんじ》を訪れた際には、私をイメージした墨字を御朱印に書いていただいたのですが、私を見て迷わず「夢」という文字を書いてくださいました。その時の自分の意欲のようなものをご住職さんが的確に感じ取ってくださって、感激しました。

PROFILE 篠原ともえ

1995年、歌手デビュー。「シノラーファッション」が大ブームに。現在タレント、デザイナー、歌手、女優、ナレーター等、幅広く活動中。今年でデビュー20周年を迎える。

書き上げるのを
静かに待つ時間や
住職さんや神主さん
との会話も好き♥

御朱印はお守りのように返納するのではなく、茶毘に付されるまでずっと手元に置いておくもの、と寺社の方から伺いました。この「最後まで自分と一緒にいてくれる」という存在も好きです。一冊集め終えるごとに、手作りのカバーをかけて、大切に保管しています。

御朱印集めの旅で深まった縁

御朱印集めは、旅の楽しみ。旅行に行くときは、必ず御朱印帳をカバンに入れ、すぐに出せるような場所に入れているほど！　旅といえば、ふたりいる兄弟と私で一緒に考えて、両親に伊勢神宮への旅行をプレゼントしたんです。旅のしおりも自作して（笑）。伊勢に着いた時、母が「お父さん、なつかしいわね」って。実はお伊勢さんは両親の新婚旅行の場所。私たちはそのことを知らず。「え～!!　ホント？」と驚きのひと言でした。自然とわいた気持ちで伊勢を選んだのですが。その時はさすがに「伊勢神宮に招かれたのかも」と、何か見えない縁を感じましたね。

それからは家族や親戚に縁のある場所を聞いては、その土地の寺社を旅するようにもなりました。例えば、父が幼い頃に通っていた長野の善光寺。昔は見つけられなかった暗闇にある「カギ（※）」を見つけに行こうという話になり、家族みんなで訪れ、父と母が手をつなぎながらカギを見つけることができたんです。父の幼い頃からの夢がかない、母がそれを助け、家族みんなで幸せな気持ちになった旅でした。

御朱印は寺社・参拝日・自分の思いが刻まれ、「人と人」「人と寺社」の縁をつなぐもの……と考えています。私は寺社をめぐり、御朱印を集めることで、自分のルーツやご縁を見つけ、旅がさらに深まりました。これからも旅をしながら、一つひとつ大切に御朱印を集めていきたいですね。

※真っ暗な回廊にある錠前。触れると善光寺の御本尊とつながると言われる

まだまだ知りたい!!

Q　御朱印集めで気をつけていることは？

A　神社とお寺の御朱印帳は分けるようにしています。

Q　お気に入りの神社は？

A　奈良の天河神社《てんかわじんじゃ》がとても気持ちよかったです。境内から美しいパワーを感じました。

Q　今、気になっている御朱印は？

A　白川郷で頂けるという墨絵のものや、カラフルな烏森神社の御朱印が気になっています！

洋服と同じ模様だよ

御朱印帳を本人デザインの手ぬぐいで手作り！ 愛着が湧きました

女らしい墨字にうっとり

上／右が如意輪観音《にょいりんかんのん》の御朱印
下／嚴島神社や富士山頂の溶岩が朱肉に混ざった印も

篠原さんの My 御朱印はこちら！

日本全国・神社おめぐりマップ

本書に掲載している、日本全国の神社はコチラ。
気軽にお住まいの地域の神社からでも、ちょっと遠出して憧れの神社からでも、
あなたのスタイルで御朱印さんぽを始めてみてください。

北海道東北 / 関東甲信越 / 北陸東海 / 近畿 / 中国四国 / 九州沖縄

【北海道・東北】

神社	ページ
北海道神宮（北海道）	130
岩木山神社（青森）	76
蕪嶋神社（青森）	15
駒形神社（岩手）	82
櫻山神社（岩手）	15
金蛇水神社（宮城）	114
志波彦神社・鹽竈神社（宮城）	82
榴岡天満宮（宮城）	17
古四王神社（秋田）	122
月山神社（山形）	64
三神合祭殿（羽黒山）（山形）	64
湯殿山神社（山形）	64
伊佐須美神社（福島）	82
鸞養國神社（福島）	15

【関東・甲信越】

神社	ページ
鹿島神宮（茨城）	124
加波山神社（茨城）	143
水戸八幡宮（茨城）	12
大前神社（栃木）	114
日光東照宮（栃木）	79
日光二荒山神社（栃木）	80
古峯神社（栃木）	17
赤城神社（群馬）	121
川越氷川神社（埼玉）	90
高麗神社（埼玉）	137
櫻木神社（千葉）	13、103
高家神社（千葉）	141
遠見岬神社（千葉）	114
愛宕神社（東京）	131
市谷亀岡八幡宮（東京）	143
銀杏岡八幡神社（東京）	12
今戸神社（東京）	98
上野東照宮（東京）	16
鷲神社（東京）	17
小野照崎神社（東京）	137
皆中稲荷神社（東京）	114
上神明天祖神社（東京）	14
烏森神社（東京）	14
神田神社（東京）	66
気象神社（東京）	143
小網神社（東京）	110
世田谷八幡宮（東京）	17
第六天榊神社（東京）	122
東京大神宮（東京）	92
日枝神社（東京）	68
被官稲荷神社（東京）	13
日吉神社（東京）	14
松島神社（東京）	143
明治神宮（東京）	99
湯島天満宮（東京）	132
江島神社（神奈川）	94
菊名神社（神奈川）	17
銭洗弁財天宇賀福神社（神奈川）	106
箱根神社（神奈川）	70
居多神社（新潟）	122
彌彦神社（新潟）	103
新屋山神社（山梨）	57
河口浅間神社（山梨）	56
北口本宮冨士浅間神社（山梨）	56
武田神社（山梨）	133
夫婦木姫の宮（山梨）	103
戸隠神社中社（長野）	137

【北陸・東海】

神社	ページ
髙瀬神社（富山）	103
尾山神社（石川）	137
金劔宮（石川）	114
氣多大社（石川）	103
氣比神宮（福井）	78
金神社（岐阜）	114
結神社（岐阜）	100
伊豆山神社（静岡）	101
来宮神社（静岡）	143
富士山頂上浅間大社奥宮（静岡）	55
富士山本宮浅間大社（静岡）	54
伊奈波神社（愛知）	15
苑足神社（愛知）	122
桃太郎神社（愛知）	15
伊雑宮（三重）	59
伊勢神宮皇大神宮（内宮）（三重）	59
伊勢神宮豊受大神宮（外宮）（三重）	58
猿田彦神社（三重）	59、60
神明神社（石神さん）（三重）	59、61
瀧原宮（三重）	59
月夜見宮（三重）	58
月讀宮（三重）	59
椿大神社（三重）	102
花窟神社（三重）	48
二見興玉神社（三重）	58、60

【近畿】

神社	ページ
近江神宮（滋賀）	13
多賀大社（滋賀）	120
豊満神社（滋賀）	143
日吉大社（滋賀）	15、77
三尾神社（滋賀）	15
今宮神社（京都）	87
建勲神社（京都）	16
上賀茂神社（京都）	85
河合神社（京都）	116
北野天満宮（京都）	126
貴船神社（京都）	88
護王神社（京都）	117
御霊神社（上御霊神社）（京都）	122
下鴨神社（京都）	86
豊國神社（京都）	135
若一神社（京都）	114
八大神社（京都）	16
伏見稲荷大社（京都）	137
平安神宮（京都）	87
御金神社（京都）	111
八坂神社（京都）	117
安井金比羅宮（京都）	140
坐摩神社（大阪）	15
石切劒箭神社（大阪）	122
今宮戎神社（大阪）	114
上新田天神社（千里天神）（大阪）	134
難波神社（大阪）	14
日根神社（大阪）	142
安居神社（安居天満宮）（大阪）	13
生田神社（兵庫）	103
湊川神社（兵庫）	12
橿原神宮（奈良）	118
春日大社（奈良）	96
談山神社（奈良）	16
吉水神社（奈良）	12
神倉神社（和歌山）	45
熊野那智大社（和歌山）	46
熊野速玉大社（和歌山）	44
熊野本宮大社（和歌山）	42
闘雞神社（和歌山）	15
那智の滝（飛瀧神社）（和歌山）	47
丹生都比売神社（和歌山）	49

【中国・四国】

神社	ページ
大神山神社（鳥取）	82
金持神社（鳥取）	112
出雲大社（島根）	36
須我神社（島根）	40
須佐神社（島根）	40
太皷谷稲成神社（島根）	13
日御碕神社（島根）	38
美保神社（島根）	41
八重垣神社（島根）	39
阿智神社（岡山）	137
和氣神社（岡山）	122
嚴島神社（広島）	72
赤間神宮（山口）	82
松陰神社（山口）	16
一宮神社（徳島）	137
金刀比羅宮（香川）	108
大山祇神社（愛媛）	82
土佐神社（高知）	137

【九州・沖縄】

神社	ページ
宇美八幡宮（福岡）	122
恋木神社（福岡）	103
太宰府天満宮（福岡）	128
男女神社（佐賀）	103
宝当神社（佐賀）	113
海神神社（長崎）	82
阿蘇神社（熊本）	52
宇佐神宮（大分）	74
天岩戸神社（宮崎）	52
高千穂神社（宮崎）	50
益救神社（鹿児島）	13
波上宮（沖縄）	136

第一章

まずはここから！
御朱印入門

御朱印デビューしたいけど知らないことが多くて心配というあなた。この章を読めば、御朱印の基本がまるわかり。不安がすっきり解消します。

御朱印ってナニ？

御朱印は、もともとお経を納めた証に寺院で頂いていたもの。それがいつしか、神社でも、参拝によって神様とのご縁が結ばれた証として頂けるようになりました。ですから、単なる参拝記念のスタンプではありません。

？ 御朱印の本来の役割って

御朱印はもともと、自分で書き写したお経を寺院に納め、その証に頂くものでした。寺院で「納経印」とも言われているのはこのためです。いつしか、納経しなくても参拝の証として寺社で頂けるようになりました。お寺ではじまった御朱印ですが、江戸時代にはすでに神社でも出されていたと言われています。

？ 神社で御朱印を頂くってどういうこと

神社で御朱印が頂ける場所はお守りやお札の授与所がほとんどです。書いてくださるのは神職の方々。御祭神の名前や神社名が墨書され、神社の紋などの印が押されます。

神社で御朱印を頂くというのはその神社の神様との絆が結ばれたといえるでしょう。決して記念スタンプではありません。ていねいに扱いましょう。

？ 世界でひとつの御朱印との出合いを楽しみましょう

御朱印は基本的に印刷物ではありません。神職のみなさんがていねいに手書きしてくださる、世界にひとつのものですから、墨書には書き手の個性があらわれます。そのため、本書に掲載した御朱印と同じものが頂けるとは限りません。同じ神社でも書き手によって、頂くたびに墨書や印の押し方が違うからです。印も季節によって変わったり、新しいものに作り替えることもあります。御朱印自体が頂けなくなることさえあるのです。二度と同じ御朱印は頂けない、それが御朱印の楽しみでもあります。

神社の御朱印の見方

白い紙に鮮やかな朱の印と黒々とした墨書が絶妙なバランスで配置されている御朱印。まさにアートを見ているような美しさがあります。では、いったい、墨書には何が書かれ、印は何を意味しているのでしょう。御朱印をもっと深く知るために墨書や印の見方をご紹介します。

御朱印帳・袋・お守り。3つお揃い！

神社によっては御朱印帳と同じデザインのお守り、御朱印帳袋を頒布しているところがあります。御朱印帳袋は御朱印帳を汚れから守ってくれ、ひとつあると御朱印帳を持ち歩くときに便利です。

かわいい桜柄セットは櫻木神社（→P.13・P.103）のもの

社名の押し印

神社名の印です。印の書体は篆刻（てんこく）という独特の書体が多いのですが、なかには宮司自らが考案したオリジナルの書体の印もあります。

神紋

神社には古来から伝わる紋があります。これを神紋あるいは社紋といいます。神紋の代わりに祭神のお遣いを表す印や境内に咲く花の印、お祭りの様子を表した印などが押されることもあります。

奉拝

奉拝とは「つつしんで参拝させていただきました」という意味です。参拝と書かれることも。

参拝した日にち

何年経っても、御朱印を見れば自分がいつ参拝したのか、すぐわかります。同時に日付を見るとその日の行動も思い出せるので、旅の記録にもなります。

社名など

中央には朱印の上に神社名が墨書されることが多く、社名のほかに御祭神の名前を書く場合もあります。また、朱印だけで神社名の墨書がない御朱印もあります。八百万だけあって、史実の人名やおとぎ話の登場人物ということも。

表紙

神社ではオリジナルの御朱印帳を作っているところが多くあります。表紙には、社殿、境内、神紋や祭礼、御神木、花、紅葉などその神社を象徴するシンボルがデザインされていることが多いです。

見ているだけで頂きたくなる。華やかで、かわいい御朱印を集めました

御朱印ギャラリー

花や動物などを配し神社の由緒を表現

各神社では御祭神、神のお遣い、参拝の御利益など、その神社らしさを表現するため、印や墨書にさまざまな工夫を凝らしています。

花や植物の社紋や動物をかたどった印は、その神社の由緒や伝説を表現しています。カラフルな印は祭りの華やかさを表現し、御祭神が歴史上の人物であれば、そのプロフィールにふさわしい印が押されます。こうした印や墨書を考えるのはその神社の神職の皆さんです。

ここでは見ているだけで楽しくなるような御朱印の数々を集めてみました。なかには大変レアなものもあります。レアなものは書き手が不在の場合、頂けないこともあります。

植物がモチーフの御朱印

神社でよく目にする紋の多くは植物をモチーフにしています。紋の違いや由来がわかれば御朱印を頂くのがさらに楽しくなります

菊紋

菊紋は菊の花を表し、花びらの数により十菊、十四菊、十六菊などの種類があります。皇室の菊紋は十六菊です

湊川神社《みなとがわじんじゃ》(兵庫)

墨書／湊川神社、奉拝　印／菊水紋、湊川神社　●菊水紋は社紋。御祭神の楠木正成公が、後醍醐天皇から下賜されたものと伝えられています

吉水神社《よしみずじんじゃ》(奈良)

墨書／吉水神社　印／菊紋、吉水神社　●御祭神が後醍醐天皇なので菊紋です。桜の名所として有名な吉野山に位置します

イチョウ紋

イチョウはその樹齢が長寿であることや秋に黄金色に染まることなどから、長寿や子孫繁栄の紋として使用されることが多いです

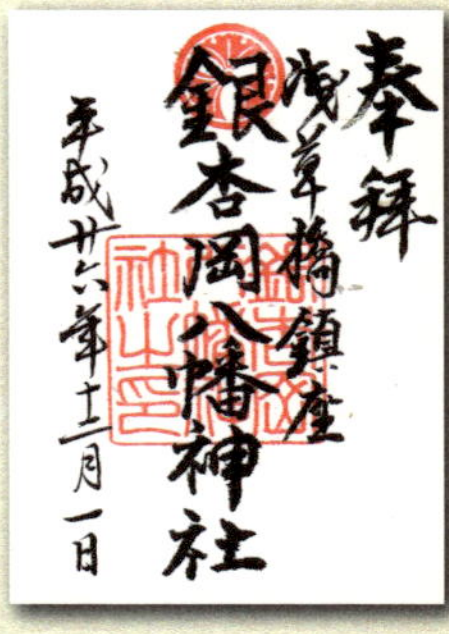

銀杏岡《いちょうがおか》八幡神社《はちまんじんじゃ》(東京)

墨書／奉拝、浅草橋鎮座、銀杏岡八幡神社　印／三つ銀杏、銀杏岡八幡神社　●社紋は三つ銀杏でイチョウの葉3枚を図案化しています

水戸《みと》八幡宮《はちまんぐう》(茨城)

墨書／奉拝　印／社紋の三つ巴、水戸八幡宮、イチョウの印　●境内に茂るイチョウの大木は樹齢700年という御神木です

桜紋

日本人の愛する花らしく、神社や大名が紋として用いています。
種類もさまざまで八重桜、山桜など100種類以上があります

近江《おうみ》神宮《じんぐう》(滋賀)

墨書/奉拝　印/古都大津京鎮座、社紋の桜紋、近江神宮　●社紋は滋賀の山に自生する山桜と琵琶湖のさざ波を表しています

櫻木《さくらぎ》神社《じんじゃ》(千葉)

墨書/奉拝、下総國のだ、櫻木神社　印/櫻木守護神社、社紋の桜紋、桜の印　●墨書と大きな桜印のバランスがとてもよい御朱印です

稲紋

稲紋は束になり、丸くデザインされています。これは古来から
神様に収穫のお礼として稲束を捧げてきた習慣からと言われています

太鼓《たいこ》谷《だに》稲成《いなり》神社《じんじゃ》(島根)

墨書/奉拝、石州津わの、神徳宏大　印/日本五大稲成、社紋の稲紋、太鼓谷稲成神社　●「神徳」とは御利益のことです

被官《ひかん》稲荷《いなり》神社《じんじゃ》(東京)

墨書/奉拝、被官稲荷神社　印/東京浅草、キツネの印、社紋の稲紋、被官稲荷神社　●キツネは稲荷大明神のお遣いです

桐紋

桐の葉と花をデザイン化したものです。
豊臣秀吉が使用した紋として有名ですが、
おめでたく名誉ある紋とされています

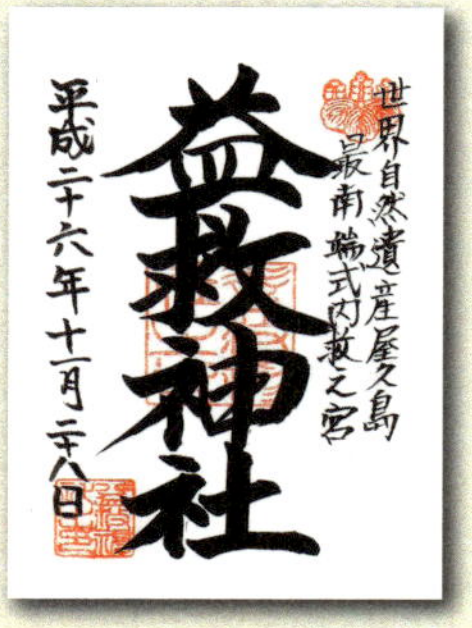

益救《やく》神社《じんじゃ》(鹿児島)

墨書/世界自然遺産屋久島最南端式内救之宮、益救神社　印/社紋の桐紋　●桐紋は花が中央に7つ、左右に5つの五七桐紋です

梅紋

天満宮は御祭神・菅原道真が
愛した花、梅を社紋にしています

安居《やすい》神社《じんじゃ》(安居《やすい》天満宮《てんまんぐう》)(大阪)

墨書/奉拝、安居天満宮、真田幸村公戦死の地　印/社紋の梅紋、安居神社、六文銭の紋　●六文銭は真田家の家紋です

カラフルな御朱印

御朱印帳がぱっと明るくなる華やかな色使いです。

色彩豊かな御朱印は祭礼の季節を表現する色使いや、神輿の装飾を表現する印が押されます

烏森神社《からすもりじんじゃ》(東京)

通常の「烏森神社」は墨書で中央にカラスの社印、四隅を4色の社紋が囲みます。お祭りの日には墨書が金色になり、大祭では社紋に高貴な色とされる紫を使用したもの、神輿渡御年限定ではカラスの印が押されたもの、雛祭りの日には墨書も社紋もすべてが桃色に統一された御朱印が頂けます。

【雛祭り限定】

【大祭限定】

【神輿渡御年限定】

【通常】

上神明天祖神社《かみしんめいてんそじんじゃ》(東京)

かつてこの地は白蛇と龍神に守られていたという伝説から、白蛇と御祭神である蛇窪龍神《へびくぼりゅうじん》の印が押され、その上に昇る太陽を意味する社印が押されています。社印は八咫鏡《やたのかがみ》を象り、中に神社名が入っています。正月、4月、9月の大祭がある月にはその月限定の御朱印が頂けます。

【9月限定】

【4月限定】

【1月限定】

【通常】

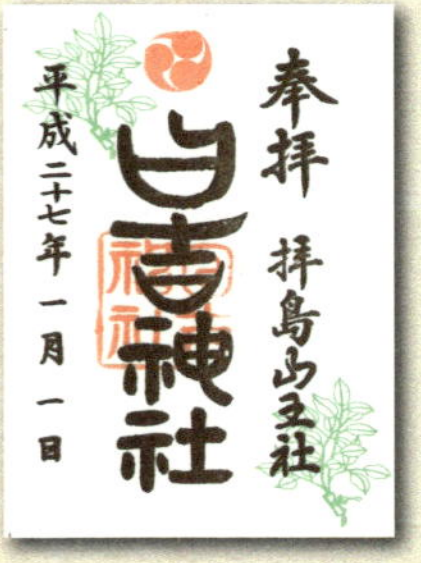

難波神社《なんばじんじゃ》(大阪)

墨書/難波神社　印/菖蒲の社紋、難波神社、菖蒲の印　●6月の菖蒲神事では境内の花菖蒲をお供えし、神楽「菖蒲刈り」が奉納されます

※神社名など通常は手書き。繁忙期には印となります。

日吉神社《ひよしじんじゃ》(東京/昭島市)

墨書/奉拝、拝島山王社、日吉神社　印/榊の印、社紋の三つ巴、日吉神社　●榊の印は毎年9月に行われる例祭である榊祭の榊の木を表しています

動物がモチーフの御朱印

神社には日吉神社の猿のように神様のお遣いとされる動物がいます。
お遣いの動物や、その神社の伝説に登場する動物を印にしている場合も多くあります

蕪嶋《かぶしま》神社《じんじゃ》(青森)

墨書／蕪嶋神社　印／蕪嶋　●神社がある蕪嶋はウミネコ繁殖地なので右下の印にはウミネコが飛んでいます
※2015年11月5日に焼失しました。

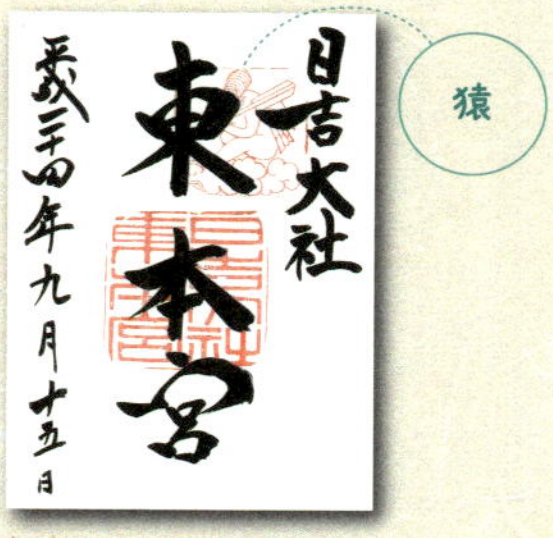

日《ひ》吉《よし》大社《たいしゃ》(滋賀)

墨書／日吉大社、東本宮　印／神猿の印、日吉大社　●神猿は「まさる」と読む日吉大社のお遣い

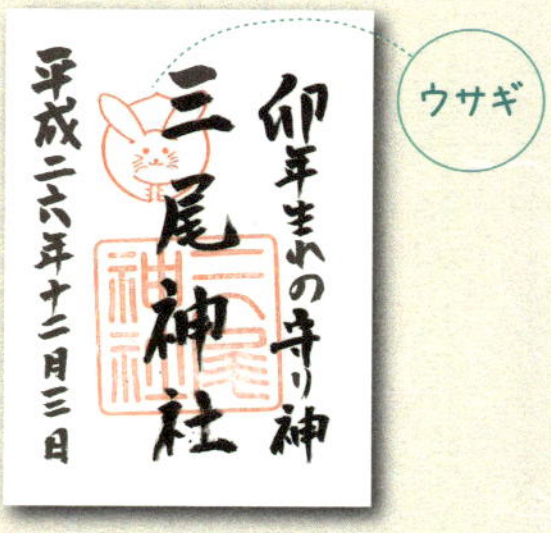

三《み》尾《お》神社《じんじゃ》(滋賀)

墨書／卯年生れの守り神、三尾神社　印／社紋、三尾神社　●社紋にウサギを用いています

櫻山神社《さくらやまじんじゃ》(岩手)

墨書／盛岡城趾、櫻山神社　印／向い鶴　●向い鶴は御祭神である盛岡藩藩主・南部家の家紋

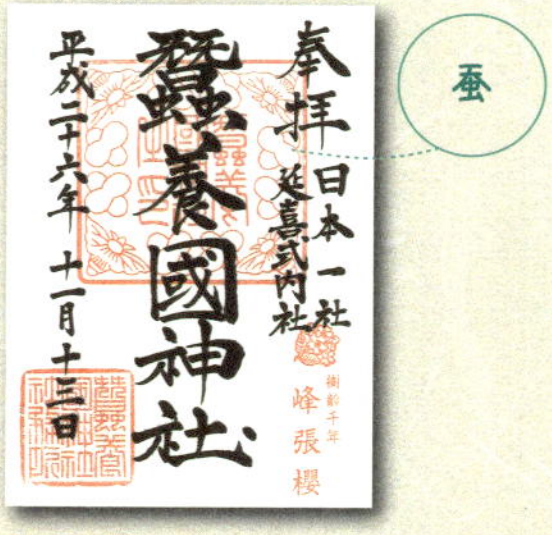

蠶《こ》養《がい》國《くに》神社《じんじゃ》(福島)

墨書／奉拝、日本一社延喜式内社　印／蠶養國神社　●社印は養蚕の神様らしく蚕と蛾を表しています

桃《もも》太《た》郎神社《ろうじんじゃ》(愛知)

墨書／尾張の国、子供の守神　印／日本一桃太郎神社　●印の下には桃型鳥居、犬、サル、キジの朱印

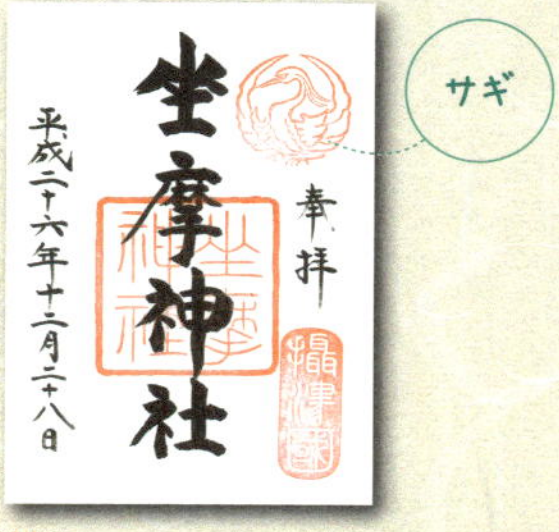

坐摩神社《いかすりじんじゃ》(大阪)

墨書／奉拝、坐摩神社　印／坐摩神社、摂津国　●社名の上には御神紋であるサギの印が押印されています

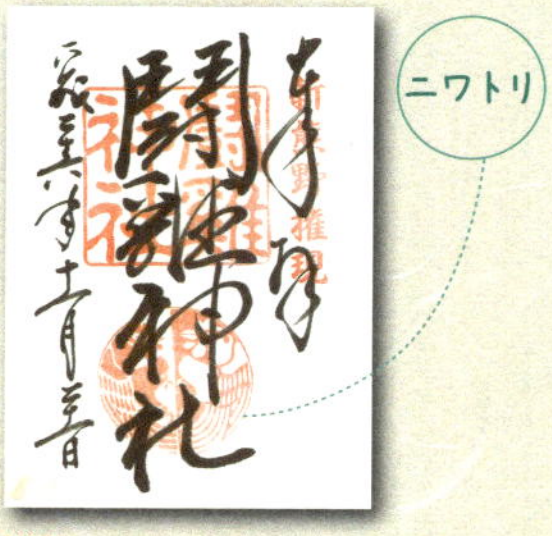

闘《とう》鶏《けい》神社《じんじゃ》(和歌山)

墨書／奉拝、闘鶏神社　印／闘鶏神社　●紅白の鶏は両者を戦わせ合戦の勝敗を占った故事にちなみます

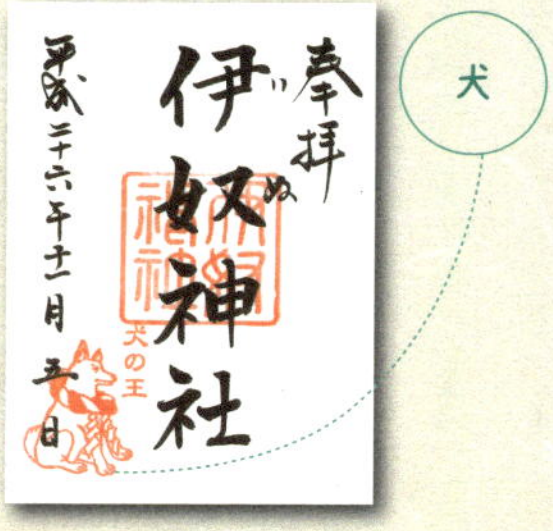

伊《い》奴《ぬ》神社《じんじゃ》(愛知)

墨書／奉拝、伊奴神社　印／伊奴神社　●左下には犬の印。本殿前には犬の石像があります

偉人がモチーフの御朱印

歴史上の人物を御祭神として祀っている神社では御祭神を象徴する印が押されます。
また、境内が歴史的事件に係わっている場合はそのできごとを思わせる印が押されます

江戸時代初期の剣客・宮本武蔵が近くの一乗寺下《さが》り松《まつ》で京都の剣客と決闘を行う前に立ち寄った神社です

八大神社《はちだいじんじゃ》（京都）

墨書／参拝、八大神社　印／社紋、八大神社　●境内に立つ宮本武蔵の像を印にしています

藤原鎌足は天智天皇とともに朝廷に対して横暴な蘇我氏を倒した英雄です

談山神社《たんざんじんじゃ》（奈良）

墨書／奉拝　印／談山神社勝運祈願、藤原鎌足公神像　●藤原鎌足を御祭神にしています

天下布武

天下布武とは戦国時代に天下統一し、治めるという意味です

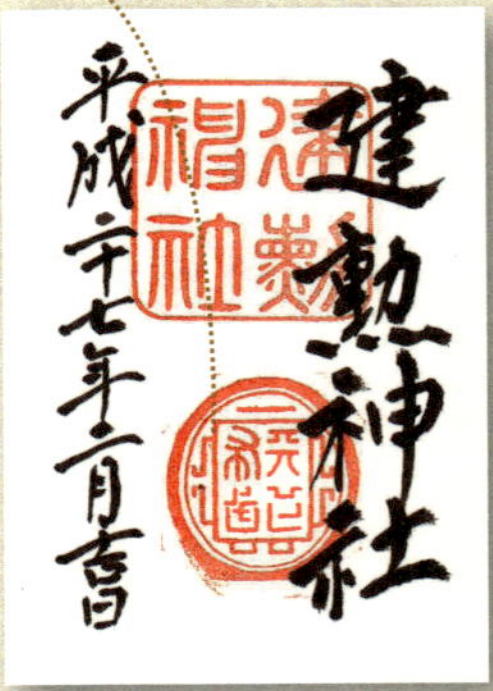

建勲神社《けんくんじんじゃ》（京都）

墨書／建勲神社　印／建勲神社、天下布武　●織田信長を祀り、信長が目指した「天下布武」が印です

天海僧正東照神君藤堂高虎

印は、東照神君（家康）、天海僧正、藤堂高虎の三柱を祀っていた名残。神仏分離令以降、僧侶である天海僧正と藤堂高虎は祀らなくなりましたが、御神体は今も安置されています

上野《うえの》東照宮《とうしょうぐう》（東京）

墨書／上野東照宮　印／天海僧正東照神君藤堂高虎　●徳川家康公、吉宗公、慶喜公を祀っています

松下村塾は松陰が幕末に開いた塾で高杉晋作、伊藤博文らが学びました

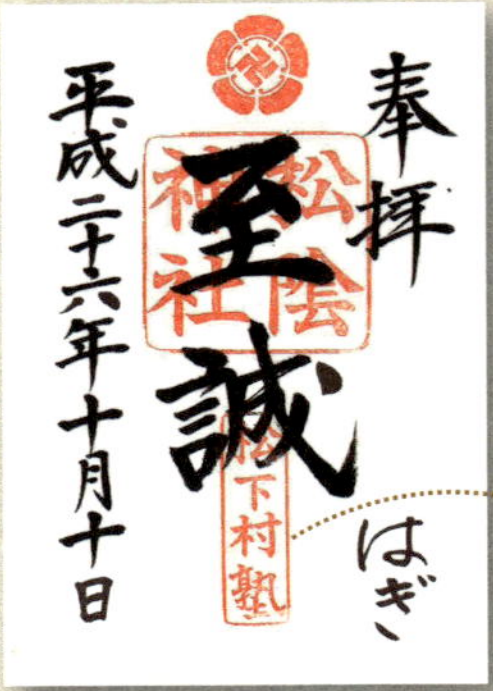

松陰神社《しょういんじんじゃ》（山口）

墨書／奉拝、至誠、はぎ　印／社紋、松陰神社、松下村塾　●吉田松陰を祀っています

見開きの御朱印

見開きの御朱印を押して頂くには、御朱印帳の各ページがつながったじゃばら形式の御朱印帳を用意します。古峯神社の天狗の御朱印は書いていただくのに時間がかかります

榴岡《つつじがおか》天《てん》満宮《まんぐう》（宮城）

墨書／奉拝、杜の都の天神さま、榴岡天満宮、「東風吹かば匂いおこせよ梅の花あるじなしとて春な忘れそ」　印／榴岡天満宮　●短歌は祭神の菅原道真公が詠んだものです。中央の印は「合格」にかけて五角形。角を社紋である梅紋で囲んでいます

古峯《ふるみね》神社《じんじゃ》（栃木）

墨書／奉拝、古峯神社　印／古峯神社参拝記念　●神様のお遣いである天狗は、印ではなく、その場で御朱印帳に描いていただけます。絵柄を指定する場合、混雑時は待ち時間が長くかかることや、日によっては希望の絵柄がいただけないこともあります

その他の御朱印

鷲神社のように境内で有名な祭事が行われる神社ではその祭事を思わせる印が押されます。菊名神社のように神社のかわいいマスコットを印にするところもあります

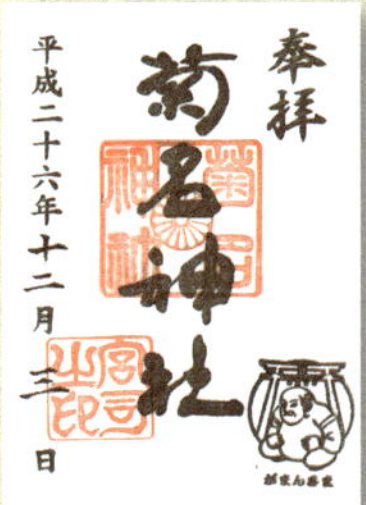

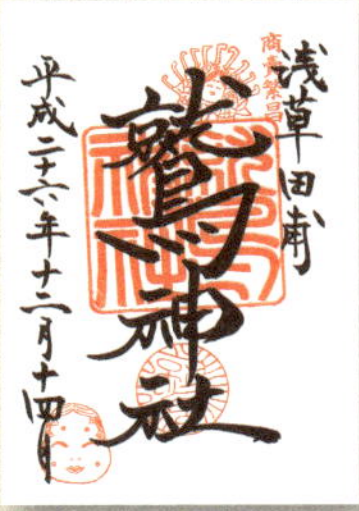

菊《きく》名《な》神社《じんじゃ》（神奈川）

墨書／奉拝、菊名神社　印／社印　●右下は忍耐強さが福を招くという「がまんさま」の印です

世《せ》田《た》谷《がや》八幡宮《はちまんぐう》（東京）

墨書／奉拝、世田谷八幡宮　印／社印　●江戸時代境内で相撲を行っていたことを示しています

鷲《おおとり》神社《じんじゃ》（東京）

墨書／浅草田甫、鷲神社　印／鷲神社　●酉の市にちなむ熊手の印が押されています

ファースト御朱印帳をゲットしよう！

**御朱印を頂きにさっそく神社へ！
その前にちょっと待って、肝心の御朱印帳を持っていますか？
まずは御朱印帳を用意しましょう。**

あなたにとって、御朱印帳は思い入れのある特別なもの

御朱印はあなたと神様とのご縁を結ぶ大事なもの。きちんと御朱印帳を用意して、御朱印を頂くのがマナーです。御朱印帳はユニークでかわいい表紙のものがいっぱいなので、御朱印帳を集めることも楽しいでしょう。御朱印帳が御朱印でいっぱいになって、何冊にもなっていくと、神様とのご縁がどんどん深まっていくようでとてもうれしいものです。御朱印には日付が書いてありますから、御朱印帳を開くと、参拝した日の光景を鮮明に思い出すこともできるでしょう。

御朱印帳は、神社はもちろん文具店やネットでも入手できます

どこで御朱印帳を入手すればよいのかを考えると、まず、思い浮かぶのは神社。本書で紹介している神社の多くは、お守りなどを頒布している授与所で御朱印帳を頒布しています。ファースト御朱印と同時に、その神社の御朱印帳を入手するとよい記念になりますね。神社以外で御朱印帳を入手できるのは和紙などを扱っている大きな文房具店やインターネット通販。自分が行きたい神社に御朱印帳がないようなら、こうした販売先からあらかじめ入手しておきましょう。最近は御朱印帳の手作り講座もあります（→P.21）。

わたしにピッタリの御朱印帳ってどんな御朱印帳なのかな？

御朱印帳を手に入れたらまず名前、連絡先を書き入れます

御朱印帳を入手したら、自分の名前、連絡先を記入しましょう。神社によっては参拝前に御朱印帳を預け、参拝後に御朱印を記入済みの御朱印帳を返してもらうところがあります。混雑しているとき、同じような表紙の御朱印帳があると、自分のものと間違えて他の人のものを持ち帰ってしまう……なんてことも。そうならないよう裏に住所・氏名を記入する欄があれば記入しましょう。記入欄がなければ表紙の白紙部分に「御朱印帳」と記入し、その下に小さく氏名を書き入れておきます。

カバーをつけたり専用の入れ物を作ったり、大切に保管

御朱印帳は持ち歩いていると表紙が擦り切れてきたり、汚れがついたりすることがしばしばあります。いつまでも御朱印帳をきれいに保つためにカバーをつけることをおすすめします。御朱印帳にはあらかじめビニールのカバーがついているものや神社によっては御朱印帳の表紙とお揃いの御朱印帳専用の袋を用意しているところがあります。何もない場合にはかわいい布で御朱印帳を入れる袋を手作りしたり、カバーをつけたりしてはいかがでしょう。

御朱印帳コレクション

神社やお店でみつけた個性的な御朱印帳

きれいな色使いのもの、その神社の特長を表す絵柄を配したものなど、表紙や裏表紙のデザインにさまざまな工夫を凝らした御朱印帳をご紹介します。

神社で入手できる御朱印帳

榴岡天満宮《つつじがおかてんまんぐう》 宮城

梅の古木が多い境内を思わせる表紙。由緒ある神社らしい品格があります

谷保天満宮《やほてんまんぐう》 東京

梅の花と青空をイメージした水色が施されたパステルカラー調が人気

鳩森八幡神社《はともりはちまんじんじゃ》 東京

数多くの白鳩が飛ぶ姿を見て社殿を建立したという由緒にちなむ表紙

柴田神社《しばたじんじゃ》 福井

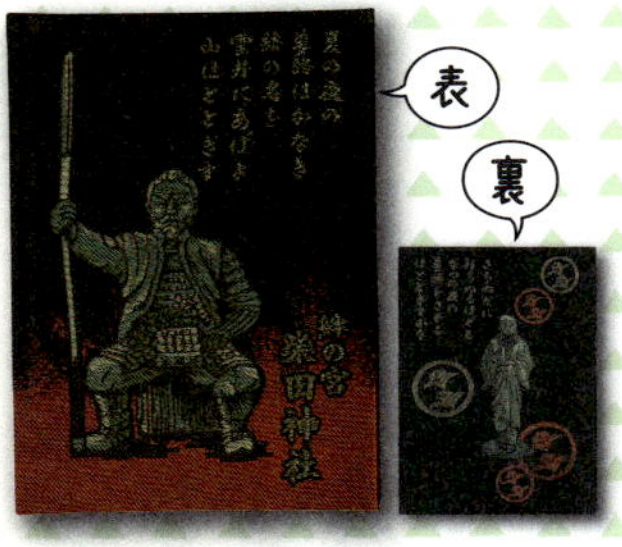

柴田勝家と妻・お市の方を祀る神社。裏にはお市の方が描かれています

綾戸國中神社《あやとくなかじんじゃ》 京都

描かれている馬は御神体で、全国でも珍しい「駒形（馬の首の彫り物）」

浅草神社《あさくさじんじゃ》 東京

表紙の三つ網紋は御祭神の像が隅田川から網で引き上げられたことに由来

かわいい系に
おしゃれ系、それに
コワイ系まで
いろいろ……

鷲神社《おおとりじんじゃ》 東京

鷲と書いて「おおとり」と読みます。表紙は裏表紙までを使い勇猛なワシを描いています。御朱印帳にはビニールカバー付き。毎年 11 月に熊手を授与する「酉《とり》の市」が有名で、御朱印には通年で熊手の印が押されます

金澤神社《かなざわじんじゃ》 石川

本殿の屋根を飾る鳳凰。満月の夜は表紙のような美しい風景を見せます

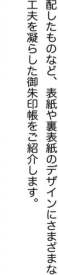

お店で入手できる御朱印帳

古風で落ち着いたデザインの表紙はとても上品。伝統的な和のテイストが感じられます。着物姿で参拝に行くときなどにぴったり。大手文具店のほか、仏壇などを扱う仏具屋さんでも入手できます。

①

②

③

④

①980円＋税　②③④1000円＋税　東京鳩居堂：東京都中央区銀座5-7-4　TEL.03-3571-4429

ネットで入手できる御朱印帳

ポップでキュートだったり、おめでたい感じにあふれていたり、ちょっとクールでユニークだったり。御朱印仲間に自慢したくなるような、個性的でひと味違う御朱印帳が探せるのはインターネットならでは。

ご縁

ゆるパンダ

菊と市松

福づくし

各1800円＋税　御朱印帳専門店　Holly Hock（ホリーホック）：www.goshuincho.com

セットで持ちたいグッズ

御朱印をお願いするときに書いていただきたいページがさっと開ける「御朱印帳しおり」や参拝した神社について簡単にメモができる「ご朱印手帳」など御朱印さんぽが楽しくなるグッズです。

御朱印帳しおり

しおりの飾りは伝統工芸「伊賀くみひも」で職人さんが手作りしています。一緒についている真珠は伊勢志摩産です。「御朱印帳しおり伊賀組紐×あこや真珠」2500円＋税

御朱印帳専門店　Holly Hock（ホリーホック）

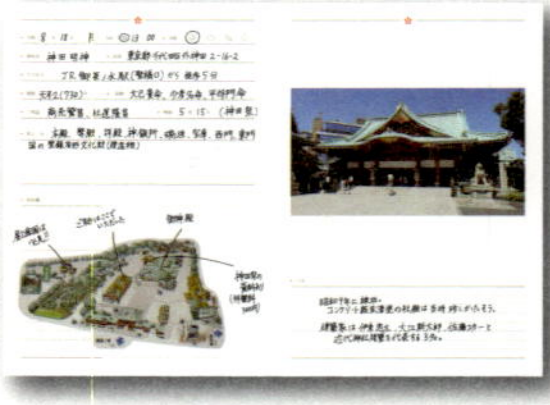

手帳

日時、神社名などを記入して境内図や社殿の写真を貼り、感想を書き込みましょう。正しい参拝方法や鳥居の種類など神社についての情報も掲載されています。「ワナドゥ‼手帳 ご朱印」1500円＋税

渋谷ロフト：東京都渋谷区宇田川町21-1　TEL.03-3462-3807

お手製の御朱印帳なら神社めぐりが ぐーんと 楽しくなる

世界で唯一の自分だけの御朱印帳を手作りしてみませんか？　琵琶湖近くにある「京都和とじ館」では昔ながらの方法で御朱印帳を制作することができます。御朱印帳の仕様はじゃばら形式で一冊に48社収録可能。本体の紙は鳥の子という厚めの丈夫な和紙です。自分で作った御朱印帳、愛着が湧きますよ。

ドキドキ

1 表紙作りからスタート！

表紙には西陣織の布を使用します。約20種類の中から好きな布を選び、ボール紙に貼り付けて、表紙の完成！

2 続いて本体の制作

御朱印を書いていただく本体部分を作ります。和紙を半分に折り、25 枚分折ったら、それを交互に重ねてじゃばらにします。紙同士が重なりあう面に、のりを塗り、貼り付けます。形を揃えるための道具を使えば仕上がりもきれい！

手がふるえるわ!!!

3 表紙に本体を合体

1 で作った表紙と、2 で作った本体をのりで貼り付けます。いちばん神経を使う作業です。ずれないように慎重に。

もうすぐ完成

4 仕上げ

表紙に題簽《だいせん》と呼ばれるタイトル紙を貼ります。張り終わったら、上からおさえて完成です！

やったー！完成です

どうです、このできばえ　意外と簡単だったし、でき上がりに大満足！

手作り御朱印帳のできあがり！

3の作業で表紙と本体が、ずれないよう、きれいにのり貼りするのが大変でした。でも、プロの方に助けていただき、思った以上にきれいな仕上がりで大満足です。（所要時間：約1時間30分）

プロがていねいに教えてくれるのでわからないことがあったら恥ずかしがらずに聞いてね

表紙の布は豪華な金襴緞子

体験で作る御朱印帳の表紙には、西陣織りの金襴緞子《きんらんどんす》を使用します。金襴緞子は金糸で模様を織り込む織物で、鮮やかな色が華やかです。選べる柄は20種類と豊富です。

お問い合わせ

京都和とじ館 (有)オフィス・コシイシ
滋賀県大津市南志賀1-11-24　TEL.077-575-2912　www.watojikan.com
交　通：京阪石坂線南滋賀駅下車3分
申　込：希望日の 2～3 日前までに電話またはウェブサイトのお問い合わせフォームから申し込みください
人　数：3名以上（20名まで可能）
開催日：月曜～日曜（日曜・祝日を希望の場合は2週間前までに要連絡）
時　間：10:00～12:00、13:00～15:00
　（この時間帯以外でも10:00～20:00なら体験可能）
料　金：3～5名 ひとり3500円（税込み）、6～10名 ひとり3200円（税込み）
　※10名以上は問い合わせください

神社に質問

もっと知りたい御朱印Q&A

御朱印に関するマナーから素朴なギモン、御朱印帳の保管場所、御朱印帳を忘れた時のことまで、御朱印デビューの前に知っておきたいことを神田神社でうかがいました。ここを読んでおけば、初めてでも大丈夫！

Q 御朱印を頂く時に守ってほしいマナーはありますか？

A できれば静かに待ちましょう

特にこれといってありませんが、飲食しながら、大声でおしゃべりしながらなどは慎んだ方がよいとは思います。

Q 御朱印を頂くと御利益を授かりますか？

A 神様が身近に感じられます

神様とのご縁ができたと思ってください。御朱印帳を通し、神様を身近に感じ、それが心の平穏に繋がれば、それは御利益といえるかもしれませんね。

Q 御朱印ビギナーに気をつけてほしいことはありますか？

A 難しいことを考えずに！

これから御朱印集めを始めようと思ってる皆さん、難しいことを考えずにまずは御朱印を頂いてください。強いていえば、御朱印を書いてもらったあと、戻ってきた御朱印帳をその場で必ず確認してください。他の人のものと間違えることがあるからです。後日では、時すでに遅し、自分の御朱印帳が行方不明……ということもあります。すると、今まで頂いた御朱印が全部、無くなってしまいます。

Q 御朱印には初穂料をお支払いしますが、お釣りはいただけますか？

A 多額は困りますが、少額なら大丈夫です

はい。神田神社の初穂料は300円ですので、さすがに5000円や1万円でお釣りというのはちょっと困りますが、500円、1000円なら大丈夫です。

【編集部注】神社によってはお釣りが困るというところも。小銭は必ず用意しておきましょう。

Q 御朱印を頂くのはやはり本殿にお参りを済ませてから？

A できれば参拝後がベター

これも決まりはないのですが、できればその方がいいでしょう。

Q どのような気持ちで御朱印を書いていますか？

A 祈願成就を願い、ていねいに

まずはていねいに、そして字を間違えないようにです。もちろん、差し上げる方の祈願成就も願ってますよ。

Q 御朱印を頂いたあと、話しかけても大丈夫ですか？

A 神社のことなど聞いてください

行列ができているときなどは避けましょう。でも、待っている人がいないときなどには、御朱印や神社のことなど聞いていただいても差し支えありません。

Q 御朱印帳を忘れたら？

A 「書き置き」を頂きましょう

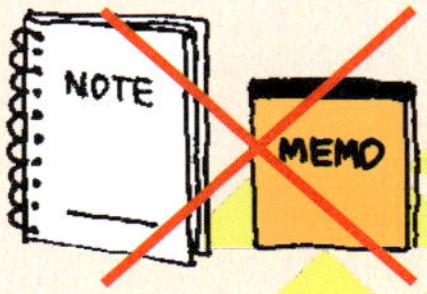

たいていの神社にはすでに御朱印を押してある書き置きがあります。それを頂き、あとで御朱印帳に貼ってください。ノートやメモ帳には書きません。

初めての御朱印。よい思い出にしたいから、しっかり基本を知らなくちゃね！

Q 御朱印帳は神社と寺院では別々にした方がいいですか？

A 一緒にしてもかまいません

特に分ける必要はありませんが気になるようなら別々にしても。そうそう、神田神社専用の御朱印帳を作っている方がいました。御朱印には日付が入るので前回の参拝日、参拝の回数が、すぐわかります。気に入った神社専用の御朱印帳を作るのもいいでしょう。

Q 御朱印帳の保管場所は、やはり神棚ですか？

A 本棚でも大丈夫です

決まりはありません。本棚、机の上、常識の範囲でどこでも大丈夫です。ただし、お札だけは神棚に祀ってください。

お気に入りの御朱印はコレ！1

全国の寺社の御朱印を紹介し周辺情報を発信する「御朱印ガール事務局」のメンバーに御朱印を始めた動機、好きな御朱印、そして御利益についてうかがいました。御朱印を頂きに行く前に参考にしてください。

家族と一緒に憧れの御朱印を頂きました

仁禮 由希さん
36歳 公務員

彼と再会、結婚へ

東京都の今戸神社は縁結びの御利益で有名なところです。私は参拝後、しばらく会っていなかった人と偶然再会し交際をスタート、結婚しました。結婚後は子授けの神様が祀られている京都市の岡崎神社に参拝し、息子を授かりました。参拝に行ったら境内の雰囲気や歴史など、さまざまな角度から神社を楽しんでほしいです。

墨書／大和国一之宮、大神神社　印／大神三輪山、大神神社　●御神体の三輪山を印にしています

お気に入りの御朱印帳

京都晴明神社の御朱印帳。濃紺に金の星の刺繍にパワーを感じ、気に入っています

御朱印に感激です

大神神社は古い歴史があり、いつか参拝したいと思っていた憧れの神社。御朱印を頂けただけで感激しました

旅の記念になると思って始めました参拝が楽しいです

大森 早希さん
30歳 医療事務

御朱印から広がった世界

姉が御朱印を頂いているのを見て始めました。それまでは神社に興味がなかったのですが、御朱印をきっかけに由緒などに興味もわいて、今では参拝が楽しくなりました。御朱印を書いていただいているときは気持ちを落ち着かせ、静かに待つよう心がけています。お気に入りの神社は、出雲の八重垣神社で、雰囲気がすてきでした。

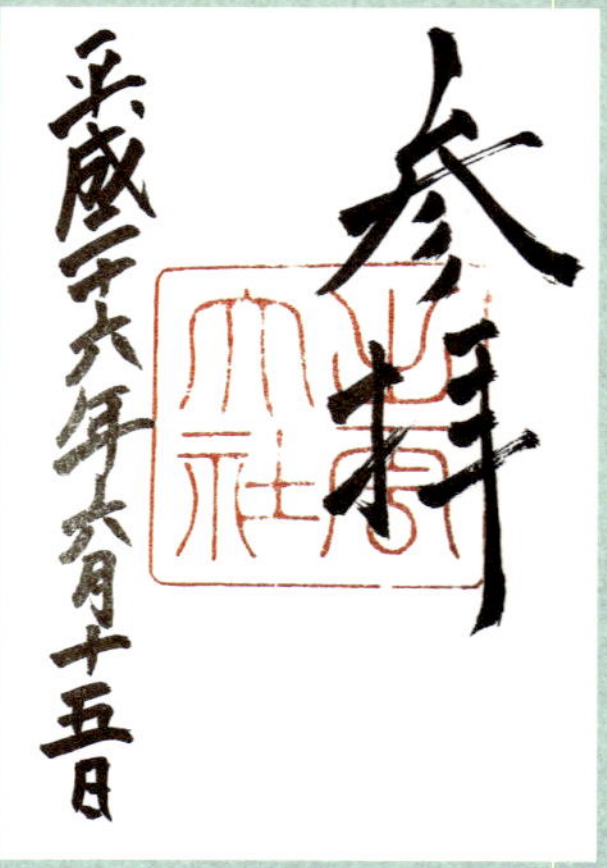

墨書／参拝　印／出雲大社　●縁結びの神様の御朱印はシンプルです

お気に入りの御朱印帳

高尾山薬王院でいただいた御朱印帳です。何種類かあり、一番好きな紫陽柄にしました

歴史を感じる御朱印

出雲大社の歴史の長さを感じさせるような書体の御朱印だと思います。境内もきれいで気持ちよく参拝できました

第二章

参拝前に知っておきたい
神社のあれこれ

神社はどんなところ？　祀られている神様は？
御朱印を頂きに行く前に押さえておきたい神社
の基本情報をレクチャーします。

そもそも神社ってどういうところ？　祈願やお祓いってなに？　そんな疑問に答えます。

開運さんぽに行く前に押さえておくべき！　神社の基本

協力：神田神社

神社の始まり

日本人は古代からあらゆる物に神が宿っていると考え、天変地異、人間の力ではどうにもならないような災害は神の仕業だと思っていました。ですから、自然のなかに神を見い出し、平穏無事を願いました。そのため、特に大きな山や岩、滝や木などに神の力を感じ、拝んでいた場所に社を建てたのが神社の始まりです。

神社とお寺の違いは？

神様

仏様

大きな違いは、神社が祀っているのは日本古来からの神様、お寺が祀っているのはインドから中国を経由して日本に伝わった仏様です。仏教が伝わったのは6世紀ですが、１００年ほど経つと神様と仏様は一緒であるという神仏習合《しんぶつしゅうごう》という考えが生まれます。そして明治時代になり、神様と仏様を分ける神仏分離令《しんぶつぶんりれい》が出されました。一般的に神社は開運などの御利益をお願いに行くところ。お寺は救いを求めたり、心を静めに行くところと言われています。

神社で祀られている神様って？

日本人は「日本という国は神が造り、神が治めてきた」と思ってきました。そこで神社では日本を造り治めた神々、風や雨、岩や木に宿る神々を祀っています。さらに菅原道真や織田信長など歴史上に大きな功績を残した人物も神としてあがめてきました。それは一生懸命生きた人物に対するリスペクトからです。

神主さんってどういう人？

神社で働く人のこと。神社内の代表者を宮司（ぐうじ）といいます。位階は宮司、権宮司（ごんぐうじ）、禰宜（ねぎ）、権禰宜（ごんねぎ）、出仕（しゅっし）の順となっています。宮司から出仕まで神に奉仕する人を神職と呼び、神職を補佐するのが巫女（みこ）です。神職になるには資格試験に合格するなどが必要ですが、巫女は特に資格はありません。

神社という場所とは

神社は神様のパワーが満ちている場所です。一般的には、神社に参拝するのは神様に感謝し、神様からパワーをもらうため。そのためには自分の望みは何か、意思を神様に伝え、祈願することが大事です。感謝の気持ちを忘れず、一生懸命、お願いしている人に神様は力を与えてくれるからです。また災難を除けるお祓いを受ける場所でもあります。

「お祓い」を受ける理由

穢れを落とすためです。「穢れ」は洋服などの汚れと同じと考えればいいでしょう。生きるためには食事をしますが、食事は動植物の命を奪い、頂くことです。いくら必要とはいえ、他者の命を奪うことはひとつの穢れです。その穢れは災難を呼びます。その穢れを浄化するのがお祓いです。時にはお祓いを受けて生き方をリセットすることも必要です。

神社めぐりをもっとディープに楽しむために

知っておきたい『古事記』と神様

日本を造った神様の興味深いエピソードが書かれているのが『古事記』です。『古事記』を読むと、神社に祀られている神様のことが深く理解できます。難しそうだけど、ポイントを押さえれば神社めぐりがより楽しくなること間違いなし！

『古事記』は日本最古の歴史書

まず、『古事記』という書名ですが、「古いことを記した書物」という意味です。全3巻から成る日本最古の歴史書で、日本誕生に関する神話、神武天皇から推古天皇までの歴代天皇一代記などが記されています。皇室や豪族の間で語り継がれてきた話を太安万侶《おおのやすまろ》が文字に表し編纂、和銅5（712）年、元明天皇に献上しました。

『古事記』でわかる神様の履歴

神社の多くが『古事記』で登場する神々を御祭神として祀っています。『古事記』には神々がどのように誕生し、どんな力を持っているのかなど、さまざまなエピソードが紹介されています。つまり神様のプロフィールが記されているというわけです。ですから、『古事記』を読むとその神社の御祭神のことが、より深く理解できるようになるのです。

御祭神を理解してから神社に参拝

神社の御利益は御祭神のプロフィールに大きく関係しています。例えば大国主命《オオクニヌシノミコト》。試練を乗り越えて恋人と結ばれたと『古事記』に書かれていることから、縁結びに強く、オオクニヌシを祀る出雲大社は日本一の良縁パワースポットと言われているわけです。ですから、神社でお願いごとをするときには、御祭神を知っておくと、その神社はどんな御利益があるかがわかるようになるのです。

ここの神社の
神様は
確か……

『古事記』に登場する神様のなかでもまずは5大神様は知っておこう

国生みの神様、太陽神、縁結びの神様。大勢いる神様のなかでも絶対、知っておきたい最重要神様達を紹介します。

神様PROFILE

日本を造った国生みの神

1 イザナギノミコト【伊邪那岐命】

神生み、国生みの男神。イザナミを妻とし、淡路島など数々の島を生み、日本列島を造りました。アマテラスやスサノオをはじめ、多くの神々の父親でもあります。妻が亡くなると黄泉の国（死者の国）まで会いに行くという愛情の持ち主で、夫婦円満、子孫繁栄、長命、さらに厄除けにもパワーがあります。

御祭神の神社 ➡ 今戸神社（P.98）、多賀大社（P.120）など

多くの神々を生んだ女神

2 イザナミノミコト【伊邪那美命】

イザナギの妻として神や日本を生んだ女神。イザナギとともに日本最初の夫婦神です。火の神を出産したことによる火傷で亡くなり、黄泉の国へ旅立ちます。そこで、黄泉津大神として黄泉の国を支配する女王となります。神や国、万物を生み出す強い生命力の持ち主なので、参拝者の心や体にエネルギーを与えてくれます。

御祭神の神社 ➡ 花窟神社（P.48）、今戸神社（P.98）など

天上界を治め、太陽を司る最高神

3 アマテラスオオミカミ【天照大神】

イザナギから生まれた女神。天上界である高天原を治める太陽神で八百万の神々の最高位に位置し、皇室の祖神とされています。全国の神明神社はアマテラスが御祭神でその総本社が伊勢神宮内宮（→P.59）です。自分自身の内面を磨きたい時、未来を拓きたい時などに力を貸してくれます。

御祭神の神社 ➡ 日御碕神社（P.38）、神倉神社（P.45）など

乱暴者でも正義感が強い神

4 スサノオノミコト【須佐之男命】

アマテラスの弟。イザナギから誕生。父からは海を治めるように命じられますが、母のいる国に行きたいと反抗したため、追放されて放浪の身に。出雲に降り、ヤマタノオロチを退治して美しい妻を得ます。乱暴者ですが、正義感が強く、厄払い、縁結び、開運など多くの願いごとに応えてくれます。

御祭神の神社 ➡ 日御碕神社（P.38）、八重垣神社（P.39）など

優しくて恋多き、モテモテの神

5 オオクニヌシノミコト【大国主命】

スサノオの子孫です。ワニに毛をむしられた白ウサギを助けた神話『因幡の白ウサギ』で有名です。スサノオが与えた試練に耐え、人間界を治め、出雲の国造りを行いました。『古事記』によれば多くの女神と結ばれ「百八十」の神を儲けたとあり、良縁や子孫繁栄に御利益があります。

御祭神の神社 ➡ 出雲大社（P.36）、高瀬神社（P.103）など

相関図

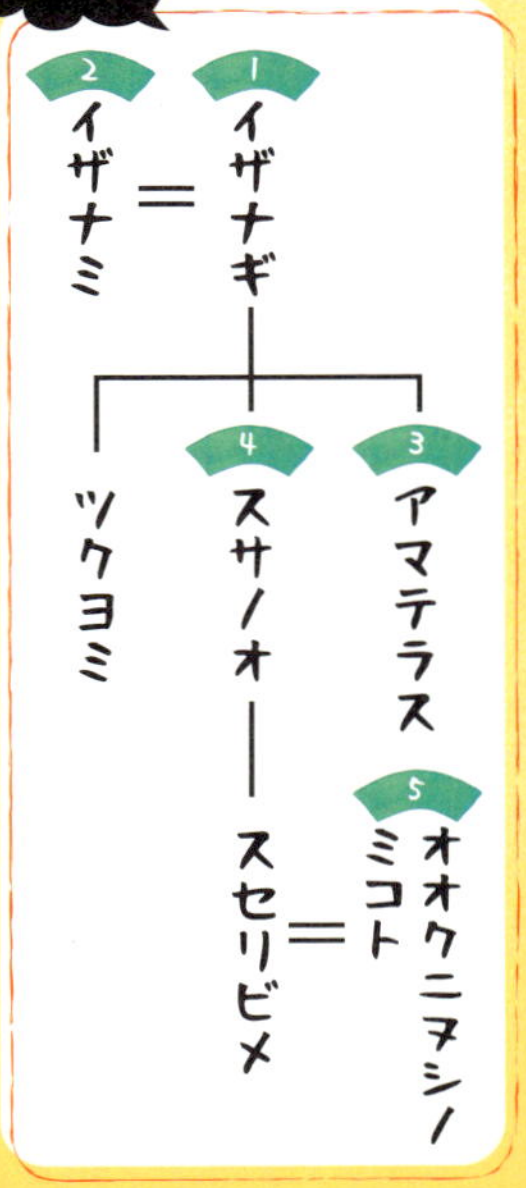

5大神様が主役。3つの神話

日本の神話で特に知っておきたい、3つの神話を『古事記』のなかからダイジェストで紹介しましょう。

その1

日本列島とアマテラスの誕生

「国を完成させよ」と天上から命じられたイザナギとイザナミ夫婦は矛で海をかき回し、日本で最初にできた島・オノゴロ島を造ります。島に降り立ち、夫婦は島や多くの神々を生んでゆき、日本列島が完成しました。ところが、イザナミは火の神を出産した時に亡くなり、黄泉《よみ》の国（死者の国）へ行ってしまいます。妻を忘れられないイザナギは妻を連れ戻しに黄泉の国に行ったものの、イザナミは屍と化した醜い姿になっていて、ビックリ！驚いて逃げる夫をイザナミは追いかけます。

　壮絶な夫婦バトルの末、夫・イザナギは無事、黄泉の国から生還。イザナギは穢れを払うため、禊を行います。この禊によって日本の神話で重要な神、アマテラスやスサノオ、ツクヨミが生まれたのでした。

Point!

多くの神様と日本列島を生んだことから、イザナミとイザナギの夫婦神は力強い生命力を与えてくれ、子孫繁栄や夫婦円満、厄除けの神様とされています。多賀大社などに祀られています。

その2

最高神アマテラスと凶暴な神スサノオ

凶暴な性格で、父に反抗して追放されたスサノオは姉のアマテラスに会いに、神々が住む天上界を訪ねます。天上界の最高神・アマテラスは「弟が攻めて来たのか」と疑いますが、スサノオは邪心がないことを証明。そこで姉は弟に滞在を許します。しかし、スサノオの変わらない行儀の悪さに、怒ったアマテラスは天の岩屋戸に籠ってしまい、天上界に光がなくなってしまいました。困った神々はアマテラスを岩屋の外に出して、光を取り戻そうと連日会議。「岩屋の扉の前で大騒ぎすれば、アマテラスは様子をうかがうために外に出てくるのでは？」と考え、岩屋の外で神々の歌や踊りがはじまりました。アマテラスが外をうかがおうと扉を少し開けた瞬間、力の神・天手力男神《アメノタヂカラオ》が扉を開き、アマテラスを引き出し世界に光が戻りました。この事件の原因でもあるスサノオは天上界からも追放されてしまいます。

　その後、出雲の国に降り立ったスサノオは美しいクシナダヒメに出会います。ヒメは泣きながら、8つの頭と尾を持つ大蛇ヤマタノオロチに襲われていると訴えるのです。スサノオはオロチを退治。出雲に宮殿を建て、クシナダヒメを妻に迎え仲よく暮らしました。

Point!

神々を治める絶対神・アマテラス。伊勢神宮をはじめ全国の神社に祀られ、人々の内面を磨いて成長させる御利益があります。スサノオは凶暴ながら愛する者のために闘うという一途さがあり、厄除け、縁結びのパワーがあります。

その3

国造りと国譲り

オオクニヌシには八十神と言われる大勢の兄弟神がいて、いつもいじめられていました。兄弟神達は因幡《いなば》の国に住む美しい神・ヤガミヒメに求婚するため旅に出ます。オオクニヌシは彼らの荷物持ちとして同行。**道中、毛皮を剥がされ八十神にいじめられた白ウサギを助けると、そのウサギは「ヒメはあなたを選ぶでしょう」と予言。そのとおりに結ばれます。**怒った兄弟達は、オオクニヌシを殺してしまいました。

しかし、オオクニヌシは母の力で麗しい男として蘇ります。母が言うには「兄弟達に滅ぼされる前に根の国に逃げなさい」。

逃亡先の根の国は死者の国のような場所で、出雲から移ったスサノオが住んでいました。そこで**スサノオからさまざまな試練が課せられますが、スサノオの娘スセリビメにオオクニヌシは救われます。**ふたりは苦難を乗り越えて結婚。根の国を出て、出雲の国を造りました。

さて、天上界ではアマテラスが地上界を平定しようとしていました。アマテラスは交渉役としてタケミカヅチを出雲に送りこみます。彼はオオクニヌシの息子と力比べして、勝利。そこで**オオクニヌシは国を譲ることになりました。**その交換条件として出雲に壮大な社殿＝出雲大社が建てられ、オオクニヌシは出雲の神として祀られたのでした。

Point!

出雲大社に祀られているオオクニヌシは国を譲るなど協調性のある神様です。また女神にモテる神で出会いや縁を大切にしました。そこで人と人とを円満に結びつける縁結びの御利益があります。

出雲で
ひとふんばり

以上、駆け足でお送りしました！
パチ
パチ
パチ

この神様も押さえておきたい

神武天皇

アマテラスの末裔が東征 国を治め初代天皇となる

地上に降りたニニギノミコトはコノハナサクヤヒメと結婚。ふたりの曾孫であるカムヤマトイワレビコは地上界を統治するのに最適な場所を探すため、日向（今の宮崎県）を出て東に向かいます。熊野からは八咫烏の案内で大和に入りました。反乱を鎮め、橿原の宮（→P.118）で即位。初代・神武天皇となったのです。

ニニギノミコト

地上を支配すべく 天上界から降臨

地上界の支配権を得たアマテラスは天上から統治者を送ることにしました。選ばれたのが、孫であるニニギノミコトです。彼は天岩戸事件で活躍した神々を引きつれ、高千穂嶺に降臨。この天孫降臨により、天上界と地上界が結びつき、アマテラスの末裔である天皇家が日本を治めていくことになりました。

お作法講座

いざ！御朱印を頂きに

さまざまなお願いごとをかなえていただき、そして、御朱印を頂くためには、参拝の方法、御朱印の頂き方をマスターしておきましょう。神様は一生懸命、祈願する人を応援してくれます。難しく考えずに、こちらに書いてある最低限のマナーさえ押さえればOK！それにきちんと参拝すると背筋が伸びて、気持ちもびしっとしますよ。ここでは身に付けておきたいお作法を写真で解説します。

撮影協力：神田神社

1 鳥居をくぐる

鳥居の前で心を鎮めて一礼しましょう。鳥居は神様の聖域と人間界を分ける結界という役目を担っています。一礼は神域に入る前のご挨拶です。鳥居がいくつもある場合には一の鳥居で一礼を。帰りも「参拝させていただき、ありがとうございました」という気持ちで振り返って一礼します。

軽く一礼

参道を歩くときは神様の通り道である真ん中「正中」を避けましょう

2 手水舎《ちょうずや》で清める

古来より水は罪や穢れを洗い流し清めるものとされてきました。ですから、参拝前に手水舎で身を清めるのです

柄杓を右手で取り、水をいっぱい汲みます。まず、左手を清め、次に柄杓を左手に持ち替え、右手を清めます。そして、右手に柄杓を持ち替え、左手に水を受け、その水で口をすすぎ、また左手を清めます。最後に柄杓を立て、残った水を柄杓の柄にかけて清め、もとに戻します。これを柄杓一杯の水で行いましょう。

拝礼は2・2・1と
おぼえましょう

3

拝殿で拝礼

参拝の順序は、まずお賽銭を投じてから、鈴があれば鈴を鳴らします。その後、2回お辞儀をします。これを二拝といいます。お辞儀の角度は90度、お辞儀が済んだら二拍手。二拍手はパンパンと2回手を叩く動作です。次にまたお辞儀。二拝二拍手一拝と覚えましょう。拝礼が済んだら静かに拝殿から離れます。

お辞儀して2拍手したら、感謝の気持ちを神様に捧げ、祈願を伝えましょう

御朱印頂けますか?

4

御朱印を頂く

拝礼を済ませたら、いよいよ御朱印を頂きに行きます。御朱印が頂ける場所はお守りやお札などを販売している授与所や社務所です。「御朱印受付」と表示してある神社もあります。御朱印帳を出すときにはカバーのあるものならカバーをはずして、ヒモでとじてあるものは開きやすいようにゆるめてから渡します。

御朱印を書いていただいている間は飲食や大声でのおしゃべりは慎み、静かに待ちます

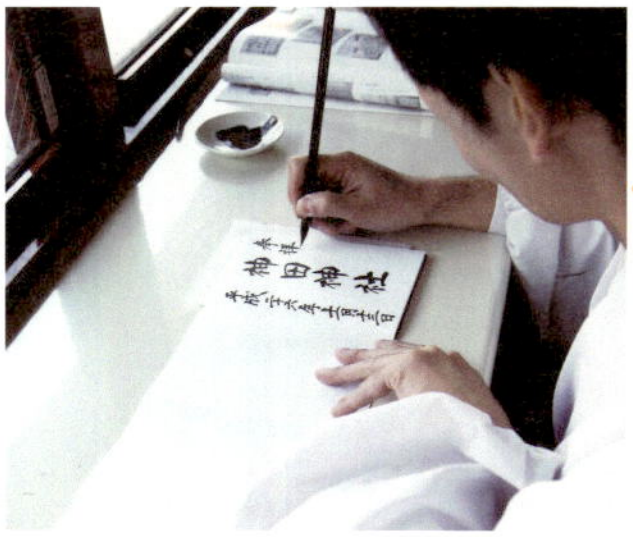

御朱印を書いていただいている間は静かに待ちましょう。御朱印代はほとんどの神社は300円です。できればお釣りのないよう、小銭を用意しておきます。御朱印帳を返していただいたら、必ず自分のものか確認しましょう。

無事、御朱印を頂きました!

一ノ宮めぐりで頂く御朱印

日本全国にある一ノ宮は各地域の位の高い神社。昔から多くの人にあがめられてきました。そんな風格ある一ノ宮の御朱印を集めてみませんか？

日本全国にある一ノ宮とは、今の都道府県になる前の68の国で、最も位が高いとされる神社のこと。どちらもその土地で古くからあがめられてきた歴史と風格のある神社ばかりです。江戸時代には全国の一ノ宮をめぐる旅が大流行しました。そんな一ノ宮で頂ける御朱印には、堂々と「一ノ宮」の文字が入っているものが多くあります。昔の人にならって一ノ宮を巡り、由緒正しい御朱印を頂けば、多くの御利益が期待できそうです。

下野国
日光二荒山神社

琉球国
波上宮

越前国
氣比神宮

山城国
下鴨神社

印や手書きなど一ノ宮の入れ方もさまざま

専用の御朱印帳も！

「全国一の宮巡拝会」からは一ノ宮めぐり専用の御朱印張を出版。ホームページから購入できます。
http://ichinomiya.gr.jp

日本全国の一ノ宮

北海道・東北の一ノ宮

北海道神宮、岩木山神社、駒形神社、鹽竈神社、大物忌神社、伊佐須美神社、石都々古和気神社、都々古別神社

関東の一ノ宮

鹿島神宮、日光二荒山神社、宇都宮二荒山神社、貫前神社、氷川神社、氷川女体神社、秩父神社、香取神宮、玉前神社、安房神社、洲崎神社、鶴岡八幡宮、寒川神社

甲信越の一ノ宮

浅間神社、諏訪大社（上社・下社）、彌彦神社、居多神社、度津神社、高瀬神社、気多神社、雄山神社、射水神社、気多大社、白山比咩神社、氣比神宮、若狭彦神社・若狭姫神社

東海の一ノ宮

三嶋大社、富士山本宮浅間大社、小國神社、事任八幡宮、砥鹿神社、真清田神社、大神神社（一宮市）、水無神社、南宮大社、敢國神社、椿大神社、都波岐奈加等神社、伊雑宮、伊射波神社

近畿の一ノ宮

建部大社、賀茂別雷神社（上賀茂神社）、賀茂御祖神社（下鴨神社）、出雲大神宮、籠神社、住吉大社、坐摩神社、枚岡神社、大鳥大社、大神神社、伊太祁曽神社、日前神宮・國懸神宮、丹生都比売神社、伊弉諾神宮、伊和神社、出石神社、粟鹿神社

中国の一ノ宮

宇倍神社、倭文神社、出雲大社、熊野大社、物部神社、水若酢神社、由良比女神社、吉備津神社（岡山市）、吉備津彦神社、石上布都魂神社、中山神社、吉備津神社（福山市）、素盞嗚神社、嚴島神社、住吉神社（下関市）、玉祖神社

四国の一ノ宮

大麻比古神社、田村神社、大山祇神社、土佐神社

九州・沖縄の一ノ宮

筥崎宮、住吉神社（福岡市）、高良大社、與止日女神社、千栗八幡宮、天手長男神社、興神社、海神神社、阿蘇神社、宇佐神宮、西寒多神社、柞原八幡宮、都農神社、鹿児島神宮、新田神社、枚聞神社、波上宮

全国一の宮巡拝会ウェブサイトより

第三章　一度は行きたい！ 憧れの神社で御朱印デビュー

さあ、いよいよ一生に一度の御朱印デビュー！
御朱印帳の最初を飾るにふさわしい、聖地中の聖地、
御利益にあふれる神社を取材しました

出雲
島根県

出雲大社
日御碕神社
八重垣神社
須佐神社
須我神社
美保神社

熊野
和歌山県

熊野本宮大社
熊野速玉大社
神倉神社
熊野那智大社
那智大滝（飛瀧神社）
花窟神社
丹生都比売神社

高千穂・阿蘇
宮崎県・熊本県

高千穂神社
天岩戸神社
阿蘇神社

富士山
山梨県・静岡県

富士山本宮浅間大社
富士山頂上浅間大社奥宮
北口本宮冨士浅間神社
河口浅間神社
新屋山神社

番外編
伊勢志摩
三重県

開運お伊勢参り
二見興玉神社
猿田彦神社
神明神社（石神さん）

出雲 島根県

縁結びの郷で恋の開運祈願♡ ♡幸せを結ぶ出雲の旅

「私の王子様はどこ？」という人も、「夫婦の愛情をもっと深めたい♡」という人も、縁結びなら出雲へGO！
毎年旧暦10月には全国から神様が集い、縁結びの会議を開くというご縁の聖地。
神々のラブパワーをたっぷり頂きましょう。

←ドーンとかけられた日本一大きな注連縄が迫力ある神楽殿。なんと、その長さ約13.5m、重さ約4.4トン！ 取材中、結婚式にも遭遇し、幸せな気分に♡ 本殿へお参りした後に参拝しよう

←国宝の本殿は、大社造という最古の神社建築様式。一般の参拝は本殿前の八足門から行う。出雲大社の拝礼方式は独特の「二拝四拍手一拝」。しっかり手を合わせ良縁をお願いしよう。オオクニヌシは西側を向いて鎮座しているので、本殿の西側からも拝めば御利益アップ！

今年こそ良縁ゲット☆
縁結びの最強聖地

主祭神
オオクニヌシノオオカミ
大国主大神

出雲《いずも》大社《おおやしろ》

出雲空港で目に飛び込んできたのは「出雲縁結び空港」の文字！ 早々からテンション急上昇で、まずは〝キング・オブ・縁結び〟オオクニヌシをお祀りする出雲大社へ向かいましょう。

正門の勢溜《せいだまり》の大鳥居《おおとりい》をくぐると、境内の空気が清々しい！ 心がパーッと晴れわたるのを感じます。まっすぐ延びる松並木の参道は下り坂になっていてグングン足が前に進みます。まるで見えない力に引っ張られているみたい。最後の鳥居をくぐる前に、日本神話きってのモテ男、オオクニヌシの像にごあいさつ。ウサギに手を差し伸べる優しさと、両手をガバッと広げたたくましいお姿にキュン！ 「御祭神が人のご縁を結ぶ神事を始められたのは、明るい世の中や人々の幸せを願ってのこと。男女間に限らず、仕事や友人関係など、あらゆる良縁を結んでくださいますよ」と神社の方が教えてくださいました。八雲山をバックにして建つ本殿は生命力にあふれ、愛情に満ちた神様のパワーが放たれているようでした。

巨大な注連縄で有名な神楽殿に参拝する前に、御朱印を頂きに御守所へ。縁結びパワーにより御朱印が幸せを運んでくれそう。

銅鳥居をくぐって左側にある神馬と神牛の像は、どちらも神様の乗り物。神馬には子宝や安産、神牛には学業の御利益があるといわれる。なでられてピカピカになっているが、触ると御利益があるということはないみたい

モデルプラン 1日目

12:00 出雲空港
空港連絡バス 40分
12:40 出雲大社
徒歩 7分
14:52 正門前（バス停）
一畑バス 23分
15:15 日御碕（バス停）
徒歩 1分
15:16 日御碕神社
徒歩 1分

御朱印を頂く前にめぐりたい！開運スポット

6 素鵞社《そがのやしろ》

オオクニヌシの親神、スサノオを祀るお社。乱暴者のスサノオは天上界から出雲に追い出され、八岐大蛇《やまたのおろち》に食べられそうになっていた美女・イナタヒメにひと目惚れ。大蛇を退治して結婚し、誰もが羨むカップルに。スサノオは縁結びの神様としても信仰されるようになった

5 十九社

全国各地の神々を拝むことができるとされる社。神無月、出雲地方では"神在月"と呼ばれる旧暦10月には、すべての縁を結ぶ会議をするために全国から集合した神様のお宿となる。神様が集まって寝ているところを想像してみるのも楽しい

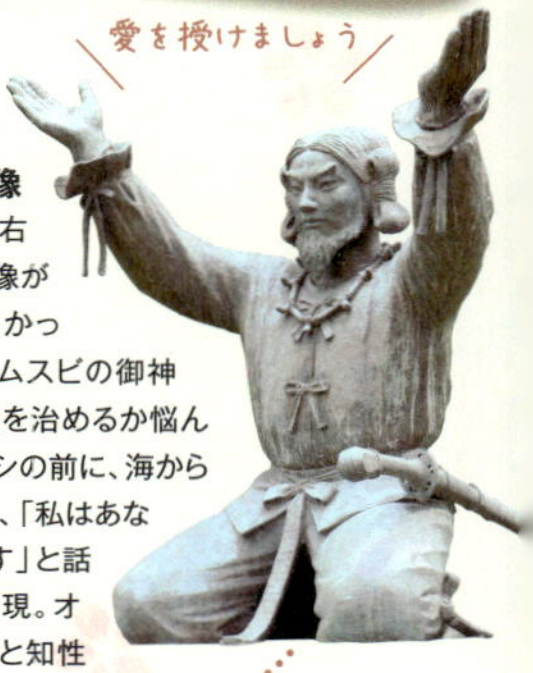

愛を授けましょう

3 ムスビの御神像

参道を進むと、左右にオオクニヌシの像が見える。拝殿に向かって右にあるのが「ムスビの御神像」。どのように国を治めるか悩んでいたオオクニヌシの前に、海から不思議な光が現れ、「私はあなたの幸魂・奇魂です」と話しかける場面を再現。オオクニヌシの愛情と知性を感じて縁結びパワーアップ

すべて癒やしますよ

4 御慈愛の御神像

神話「因幡の白ウサギ」で、サメをだましたことにより皮を剥がれて苦しむ白ウサギをオオクニヌシが助けるシーンを現している。過ちをも包み込んで癒やしてくれる、オオクニヌシのあわれみ深さがあふれる癒やされスポット

2 松の参道

日本の名松100選に選ばれている、立派な枝ぶりの松並木が続く参道。境内に満ちる神聖な空気に包まれる。参道では珍しく下り坂になってるのも必見

1 勢溜の大鳥居

参拝のスタートは境内南端のこちらから。「勢溜」とはかつて芝居小屋があり、人の勢いがたまるということから名がついた。神域の入口なので、くぐる前に一礼を

御朱印

墨書／参拝　印／出雲大社
●シンプルだからこそその美しさ！

みんなのクチコミ!!

良縁を願ってお守りを買って帰ったところ、翌日に素敵な彼と出会って、とんとん拍子で付き合うことができました！
（はちこ）

DATA
出雲大社
創建／神代
本殿様式／大社造
住所／島根県出雲市大社町杵築東195
交通／一畑電鉄「出雲大社前駅」より徒歩7分または出雲空港より空港連絡バス「出雲大社」下車すぐ
拝観時間／6:00～20:00
拝観料／宝物殿300円
彰古館200円

オオクニヌシさま♥

「因幡の白ウサギ」にちなみ、ウサギの像があちこちに！

出雲市に宿泊 ←　18:24 JR出雲市駅 ←（一畑バス 45分）　17:39 日御碕（バス停）

日本海の潮風が薫る
艶やかな朱の社殿

主祭神
天照大御神《アマテラスオオミカミ》
素盞嗚尊《スサノオノミコト》

日御碕神社《ひのみさきじんじゃ》

海沿いを走るバスに乗り、景色を楽しみながら到着。日本海に面して建つ鳥居の向こうに、色鮮やかな朱塗りの楼門、そして2殿の社殿が。楼門をくぐって右側の小高い丘に境内を守るように建つのが神の宮。縁結びの神様・スサノオが祀られているので必ず階段を上がってお参りを！

続いて、楼門の正面にある日沈宮へ。日本の夜を守るというロマンティックな社です。夕日の名所、島根半島の西海岸というロケーションもなるほどピッタリ。優美な姿に思わずウットリします。艶やかな2殿の間に立っていると、両側からエネルギーがチャージされているよう。「次は恋人と来るぞ！」と決意も新たに、御朱印を頂きましょう。参拝後は海岸の散策もおすすめです。

↑アマテラスをお祀りする「日沈宮」。元々は、神社西方の海岸沖にある経島に祀られていたのだそう。「神の宮」と共に国の重要文化財で、内部の壁や天井には極彩色の見事な装飾画が施されている

↑スサノオをお祀りする「神の宮」。スサノオが「我が神魂はこの柏葉の止まる所に住まん」と言って投げた柏葉が、神社後方の地に止まったという伝説に由来

上陸禁止の神聖な島！

←かつて日沈宮が祀られていたという経島《ふみしま》。ウミネコの繁殖地として天然記念物に指定されている。神域になっているため上陸は禁止されているが、海岸沿いの遊歩道から島を一望できる

御朱印

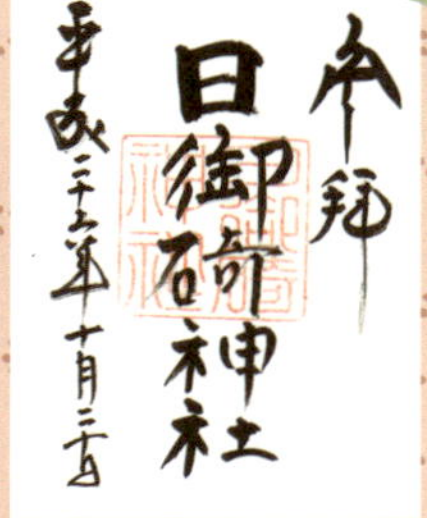

墨書／参拝、日御碕神社
印／日御碕神社　●夜を守る社らしくやさしい雰囲気

授与所にない貴重なお守り

↑災いを祓ってくれる砂が入った人気の「御神砂守」(500円)。中の砂を少しまいて家を清めるとよいそう。授与所に並べられていないので、頂きたい旨を伝えて

おもしろい顔だなー

↑なんとも愛嬌のあるお顔！　見ていると和んでしまう「だるまみくじ」(300円)

DATA
日御碕神社
創建／神代
本殿様式／権現造り
住所／島根県出雲市大社町日御碕455
交通／JR「出雲市駅」から一畑バス「日御碕」下車すぐ
拝観時間／8:30～16:30
拝観料／無料

モデルプラン 2日目
9:00 出雲市駅
タクシー 40分
9:40 須佐神社
タクシー 40分
11:38 出雲市駅
JRアクアライナー 38分
13：40 松江駅
一畑バス 32分
14:12 須我バス停
徒歩 3分

運命の出会いはいつ？
伝説の池で占おう！

主祭神
素盞嗚尊《スサノオノミコト》
稲田姫命《イナタヒメノミコト》

八重垣神社《やえがきじんじゃ》

←授与所で購入した占い用紙（100円）を、鏡の池に浮かべ、10円または100円硬貨を乗せて。まず占いの言葉が浮かび上がり、用紙が早く沈めば、早く良縁が訪れるという。さらに、近くに沈めば近くにいる人と、遠くで沈めば離れた人と結ばれるのだとか

境内はたくさんの女性参拝者で華やいだ雰囲気。ラブラブ夫婦の神様、スサノオとイナタヒメが祀られ、縁結びパワーは絶大です。境内でひときわ女性たちの熱気を集めていたのが、本殿奥の森にある鏡の池。この池で行う占いが大人気なのです！

宮司様にお聞きしたところ、「池の底にはイナタヒメの御魂が眠っているとされています。そのため、占い用紙を浮かべて硬貨を乗せ、早く沈むほど早く神に願いが届き、成就が近いといわれています」。

本殿に参拝して御朱印を頂いたら、占いにチャレンジ！　沈まなかったらどうしよう、ドキドキしながら100円玉をそっと乗せると……沈みました！　その間約10秒。これはかなり好記録とのこと。幸せがすぐそこというお告げです♡　気になるアノ人を思い浮かべながら、ぜひ挑戦を。

↑日本で初めて親の承認を得る形で正式な結婚をしたといわれるスサノオとイナタヒメをお祀りする本殿

「出雲の国の乙女の花」といわれた美しいイナタヒメにあやかった「美のお守り」（500円）

↑2本の木が地上で1本になる「夫婦椿」。愛や美容のシンボルとして撮影スポットとしても人気。全部で3組あるので探してみよう

御朱印

墨書／参拝　印／八重垣神社
●御朱印もシンプルで上品

＼御朱印帳はこちら！／

淡い色合いと椿の花のデザインが女性らしい御朱印帳（1000円）

DATA
八重垣神社
創建／不詳
本殿様式／大社造
住所／島根県松江市佐草町227
交通／JR「松江駅」から市営バス「八重垣神社」下車すぐ
拝観時間／自由
（宝物館9:00～17:00）
拝観料／境内自由（宝物館大人200円、子供100円）

14:15 須我神社 …… タクシー 20分 …… 16:35 八重垣神社 …… 松江市営バス 22分 …… 16:57 松江駅 …… 松江市内に宿泊

←出雲大社と同じ大社造りの本殿は拝殿とつながっている。スサノオの御魂が眠っているという境内には、静かな力が満ちあふれ、思いっきり深呼吸したくなる！

神聖なるパワーをたっぷりチャージ！

主祭神
須佐之男命《スサノオノミコト》

須《す》佐《さ》神社《じんじゃ》

深い緑に囲まれた境内は、凛とした静ひつな空気に包まれ、自然と背筋がシャキッ！　本殿の奥にそびえる古杉など、すべてのものが強いエネルギーを放っていて、神様の気配をビシビシと感じます。御朱印とともに、宮司様に幸せのヒントを聞きました。「御利益はお気持ち次第。感じたままの想いを大切にしてください」。なるほど、素直な気持ちって恋愛でも大事。ときどき御朱印を見て思い出すことにしよう！

御朱印

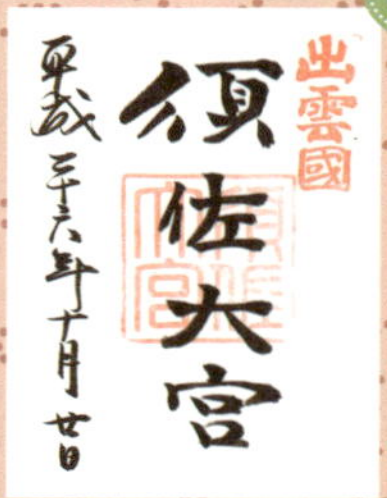

墨書／須佐大宮　印／出雲國、須佐大宮　●宮司様がていねいに墨書してくださる

神社イチのパワーを感じます

↑本殿の裏にある樹齢1300年を越える杉の大木。幹回りが6m以上あるという堂々たるたたずまいが、時の重みを伝えている

←「塩の井」は「須佐の七不思議」のひとつ。スサノオがこの地を清めるために汲んだとされる。海に続いており、満潮時には「潮の花」をふくという

DATA
須佐神社
建造／1861年
本殿様式／大社造
住所／島根県出雲市佐田町須佐730
交通／JR「出雲市駅」から一畑バス「須佐」下車タクシーで約5分
拝観時間／自由
拝観料／無料

←スサノオがこの地で結婚生活の喜びを詠んだ歌が日本で最も古い歌とされている。拝殿に上る石段の脇には、その和歌の歌碑が。御祭神のラブラブぶりに感動☆

神話が伝える愛の巣で恋愛力をゲット♡

主祭神
須佐之男命《スサノオノミコト》
稲田比売命《イナタヒメノミコト》

須《す》我《が》神社《じんじゃ》

スサノオとイナタヒメが、結婚生活をおくるために日本で初めて造った宮殿が須我神社の起源とされます。御朱印にも「日本初之宮」と墨書きが。「大切なのはご縁を感じる心です」と話してくださったのは宮司様。御利益が高まるとお聞きし、奥の宮である夫婦岩にも行ってみました。長い階段が続く山道に、足がプルプル。息を切らして見上げた先に、3つの巨岩が！　周囲には息を飲むほど神秘的な空気が漂い、これはただものではないパワー！　神様のラブビームを体感できます。

御朱印

墨書／奉拝、日本初之宮、須我神社　印／亀甲に八つ雲　●八つ雲の印が神秘的

元気に生まれてね

「子授け守」（600円）。多くの神々を生んだイナタヒメのお力が

←神社から約2㎞の山腹にあり、奥の宮として崇敬されるパワースポット「夫婦岩」。約400mの山道を登る。大中小3つの巨岩が仲よく寄り添い家族のよう

DATA
須我神社
創建／神代
本殿様式／大社造
住所／島根県雲南市大東町須賀260
交通／JR「松江駅」から一畑バス「須我」下車徒歩3分
拝観時間／自由
拝観料／無料

モデルプラン　3日目

8:50 松江駅 ← 一畑バス 43分 ← 10:40 万原（バス停） ← 美保関コミュニティバス 28分 ← 11:08 美保神社入口（バス停） 美保神社 ← 徒歩 2分 ← 12:11 美保神社入口（バス停） ← 美保関コミュニティバス 28分 ← 12:50 万原（バス停） ← 一畑バス 43分 ← 13:33 松江駅

↑船庫を模したという、港町の趣によく似合う拝殿。壁がなく、梁がむき出しになった独特な造り。毎日、朝夕2回奉納される巫女舞の見学もおすすめ

“両参り”完成で御利益アップ間違いなし！

主祭神
三穂津姫命《ミホツヒメノミコト》
事代主神《コトシロヌシノカミ》

美《み》保《ほ》神社《じんじゃ》

「地元では、当社と出雲大社をともに参拝する〝両参り〟が縁起がよいと信仰されています。お越しになったお気持ちが神様に伝わると思います」と地元の方が話してくださいました。両参りで縁結びの御利益も倍増するはず！　鳥居は港のすぐそば。海の男たちに親しまれてきた海を守る神社です。たくましい男性との出会いを導いてくれるかもしれませんね。

御朱印

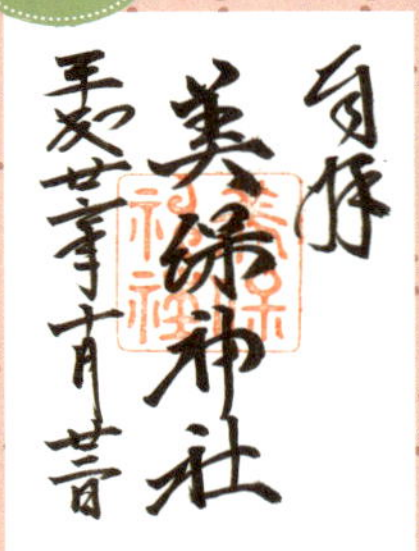

墨書／奉拝、美保神社　印／美保神社　●印の文字デザインが味わいある

＼御朱印帳はこちら！／

御祭神それぞれの象徴「鯛」と「稲穂」図柄がおめでたい御朱印帳（1200円）

↑御朱印帳と同じ鯛と稲穂がモチーフの「昇運鯛守」（1000円）

↑港に向かって建つ鳥居。港町の風情と相まって、開放的な雰囲気を感じる

DATA

美保神社
創建／神代
本殿様式／美保造
住所／島根県松江市美保関町美保関608
交通／JR「松江駅」から一畑バス「万原」下車、美保関コミュニティバスに乗り換え「美保神社入口」下車すぐ
拝観時間／自由
(授与所8:30～)
拝観料／無料

島根 MAP

熊野
和歌山県

元気な心も、弱った心も、エネルギーチャージ

未来がひらける熊野トリップ！

「あ"～崖っぷち」。そんなときこそ熊野旅！
熊野の神様は開運、招福、恋愛運、人間関係、仕事関係なんでもアップの極大パワー。癒やされて、元気を注入されて、生命力も強化されて……心身まるごと蘇った自分を熊野で実感できるはず。

←熊野三山のなかで、最も古式ゆかしい社殿は大斎原（→P.43）から明治時代に移築されてきたもの。檜皮葺《ひわだぶき》の社殿は国の重要文化財に指定されている

こっちでカーカー

↑神門前にはヤタガラスの幟が立つ。ヤタガラスは熊野三山の神様のお遣い。体は太陽、足は3本あり、向かって右から天、地、人を表している

神社の方からのメッセージ

良縁祈願は「結の神」へ

若宮の右側に小さな社の満山社があります。御祭神は「結いの神」。良縁を祈願するなら忘れずにお参りください。

未来へ向かって第一歩
熊野の神々が強力サポート！

主祭神
家津御子大神《ケツミコノオオカミ》
素盞鳴尊《スサノオノミコト》

熊野《くまの》本宮《ほんぐう》大社《たいしゃ》

熊野本宮大社、熊野速玉大社、熊野那智大社を合わせて熊野三山といい、全国にある熊野神社の総本宮です。運気アップには三山全参拝が鉄板です。

熊野本宮大社は、本殿への石段を上り、神門をくぐると、目の前が明るく開けます。その向こうには、どっしりと貫禄ある3つの社殿。お参りは真ん中の本宮、次に左の結宮、最後に右の若宮の順番で。さらに右側の小さな社が満山社で、御祭神は良縁をもたらしてくれる結いの神。忘れずにお参りを！

参拝が済んだら御朱印を頂きに境内にある授与所へ。授与所で神職にお話を伺いました。

「熊野本宮大社は自分の立ち位置を確認し、未来への歩み方を見極める場です。深い山々に囲まれた境内は都会の雑音から離れ、自分自身を見つめなおすには、とてもよい環境なのです」。

なるほど、将来をちゃんと考えられる力を本宮の神様は授けてくれるんですね。さあ御朱印を頂きましょう。熊野三山初御朱印には神様のお遣い3本足のヤタガラスの印が。ちょっと心が弱ってきたら、この御朱印を見て、あたたかな気持ちや決意を思い出して！　それが未来につながります。

あっちでカーカー

↑境内にはヤタガラスのポストも。ここから絵葉書などを送ると旅のよい思い出に

DATA
熊野本宮大社
創建／第10代崇神天皇65年（紀元前33年頃）
本殿様式／結宮は入母屋造、本宮・若宮は切妻造
住所／和歌山県田辺市本宮町本宮
交通／JR「新宮駅」からバス1時間19分
拝観時間／6:00～19:00
（社務所／8:00～17:00）
拝観料／無料（宝物殿大人300円、子供100円）

モデルプラン 1日目
12：15 JR新宮駅
熊野交通バス 1時間19分
13:35 本宮大社前（バス停）
徒歩1分
13:36 熊野本宮大社
徒歩5分
14:15 珍重庵 もうで餅
徒歩1分

スピリチュアルスポットで穏やかなパワーに浸る

参道を歩くと石の祠が立つ空間にでました。そこはぽっかりと開けた空間で明るい日差しが差し込みます。ここが本宮大社の神様が最初に降りたとされるところ。大斎原の中心です。「強い気を感じた」「心が癒やされる」と語る人も多いと地元の方に聞きました。

★三山めぐってコンプリート★ 熊野牛王《ごおう》符《ふ》

1300年以上も続く独特の神符で、ヤタガラスがモチーフの烏文字が特徴。熊野三山（熊野本宮大社、熊野速玉大社、熊野那智大社）それぞれでデザインが異なる。玄関に貼れば盗難除け、キッチンだと火災防止、枕や布団の下に敷くと健康や病気治癒に御利益がある

熊野那智大社

熊野速玉大社

熊野本宮大社

御朱印

墨書 / 奉拝　印 / 本宮八咫烏、熊野本宮大社　●中央上に押されているのがヤタガラスの印

御朱印帳はこちら!

本宮の切妻造の特長がよく表れた屋根の上にヤタガラスの印をデザイン（1500円）

さわやかサプリを呼吸して大斎原《おおゆのはら》でリフレッシュ

心のリフレッシュには大斎原へ行きましょう。本宮大社から徒歩10分、真っ黒な大鳥居がそびえています。鳥居をくぐると、さあーっと涼しい風が吹き抜け、思わず深呼吸。きれいな空気のサプリが全身に満ちていくのを感じました。

↑明治の大洪水で社殿が流される前まで本宮大社が置かれていた大斎原。この地に立つ鳥居は全国でも珍しい漆黒。高さは約42mで日本一を誇る。青空をバックにそびえる姿には威厳すら感じる。毎年12月31日～1月7日の17時頃～21時頃までライトアップされ神秘的なシルエットを見せてくれる

←鳥居から熊野本宮神門へと続く158段の石段参道。熊野権現の旗が風にはためく。石段の中央は神様の通り道なので両端を歩く。ここも神様のパワーが満ちるスポットなので祈願を胸にゆっくりと上りたい

←神門には藁で編んだ大きな注連縄が現世から神域を区別するために張られている。注連縄の向こうは神聖で清浄な場所であるということを示している

毎日つきたての餅で作る　もうで餅

門前に店を構える茶房「珍重庵」で販売。購入できるのは熊野三山だけです。こしあんを包んだ餅に玄米粉をまぶしてあり、品のよい甘さ。抹茶セット350円

14:31 熊野本宮館 ← 徒歩5分 ← 15:00 大斎原 ← 徒歩3分 ← 15:25 大斎原前（バス停） ← 龍神バス 17分 ← 15:43 湯の峰温泉（バス停） ← 湯の峰温泉に宿泊

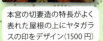

人間関係をスムーズに。
狙うは恋愛運無限大∞アップ！

主祭神
熊野速玉大神《クマノハヤタマノオオカミ》
熊野結大神《クマノムスビノオオカミ》

熊野《くまの》速玉《はやたま》大社《たいしゃ》

←熊野の神々が最初に降り立った神倉山が元宮。元宮からこの地に遷座したので地元では新宮ともいいます。社殿は過去、火災で焼失し、1967年に再建されたもの

参道を進むと左側に濃い緑の葉をいっぱい茂らせた大木が、活力に満ちたパワーを放っています。近づくと注連縄が張られた御神木、ナギの木です。葉や実を拾うと縁結びの御利益を授かるそうですが、まずはお参りが先。神門をくぐると青空を背に鮮やかな朱色の社殿が立っています。朱色に気持ちが華やぎ、晴れやかな心になりました。正面の拝殿にお参りしましょう。祀られているのは神様をいっぱい生んだ仲よし夫婦、イザナギ&イザナミの神様カップル。縁結びパワー全開の神様です。御朱印を頂き、お話を聞きました。

「御祭神は人間関係を円滑にして良縁を結ぶ神様です。縁結びといっても男女間だけじゃないですよ。たとえば入学したい学校、入社したい企業など人間関係以外でもよいご縁を結んでくれます。また過去を浄化してくれる力もあるので、御朱印を差し上げる方の穢《けが》れが祓え、良縁にめぐり合えるようにとの思いを込めて書いています」。

↑朱色の橋から参道が続く。境内には約1200点の国宝や重要文化財を収蔵公開する神宝館もあるので、ぜひ見学したい

↑ナギの大木は樹齢1000年とされる。御神木で葉や実は魔除けになるといわれる。また、ナギの葉は強く、裂けにくいので男女の縁や人間関係の縁を強固にするお守りにもなる

御朱印

墨書／奉拝、熊野速玉大社
印／熊野速玉大社、熊野大権現八咫烏印　●穢れが祓えるようにと勢いのある墨書

御朱印帳はこちら！

裏は神幸船が神輿を載せて熊野川を渡御する御船祭（1200円）

「なぎ人形」（1500円）は頭部に境内の御神木から採れるナギの実を使った縁結びのお守り。神職が手作りしている。家内安全にも御利益あり

DATA
熊野速玉大社
創建／景行天皇58（128）年
本殿様式／熊野造
住所／和歌山県新宮市新宮1
交通／JR「新宮駅」から徒歩15分
拝観時間／6:00～18:00
拝観料／無料（熊野神宝館大人500円）

神社の方からのメッセージ

良縁パワーをおみやげに

「なぎ人形」は縁結びのお守り。「このお守りのおかげで良縁に恵まれたので、今度は友人へのおみやげにします」という参拝者もいらっしゃいます。

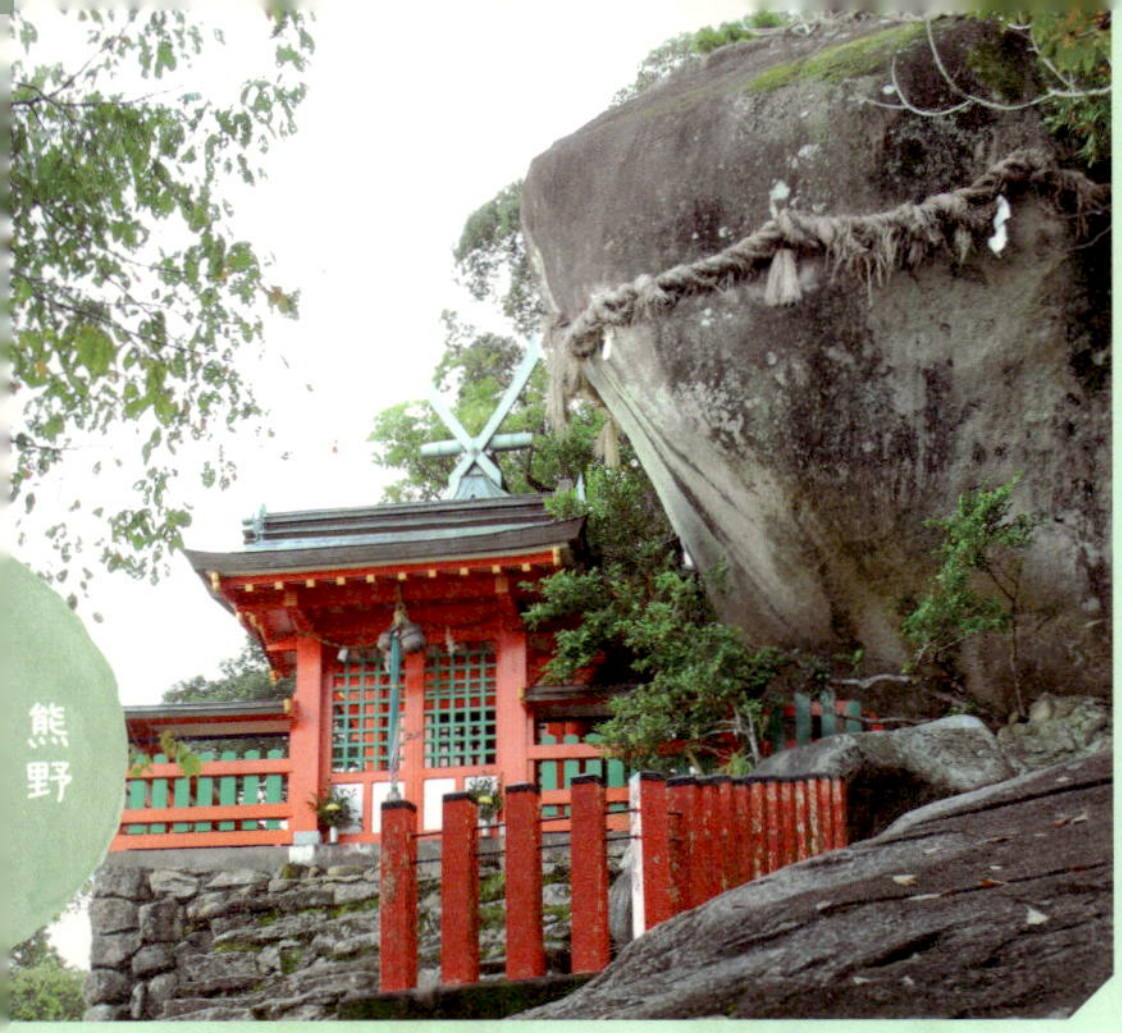

↑岩間からは弥生時代の銅鏡の破片が出土され、古代人の祭祀の場だったと推定できる。神倉神社は熊野速玉大社と関係が深く、速玉大社が管理する神社（摂社）。神職が不在の場合、御朱印は速玉大社で頂く

巨岩パワーをまるごと浴びて女子力強化で開運招福間違いなし！

主祭神
天照大神《アマテラスオオカミ》
高倉下命《タカクラジノミコト》

神倉《かみくら》神社《じんじゃ》

鳥居の向こうに見えるのは急な石段。その傾斜は直角といってもいいほど。でも、これを上りきらなきゃ、神様パワーはいただけません。行く手に迫る石段は538段！

息を切らして、一段一段足をあげ、ちょっと傾斜がラクになったと感じたら、そこが中間。石段を上りきると目の前に巨大な岩石が圧倒的な存在感で控えます。これが、御神体「ゴトビキ岩」。熊野の神々が最初に降り立ったという巨岩です。見上げると御神体に光が当たり、強力なパワーがビームになって自分の頭上に降り注いでいるよう。気がつけば小さな社に手を合わせていました。そんな話を社務所でしたら、「ゴトビキ岩の前に立つと、誰もがその巨大さに驚いて、自然を敬う気持ちが湧いてくるんです。そして、神様が自分のそばにいて、守ってくれていると感じるはず。それがこの巨岩が持つパワーです」。

DATA
神倉神社
創建／不明
本殿様式／ゴトビキ岩が御神体で本殿はなし
住所／和歌山県新宮市神倉1-13-8
交通／JR「新宮駅」から徒歩15分
拝観時間／自由
拝観料／無料

神社の方からのメッセージ

伝統ある火祭り

毎年2月に開かれる「お燈《とう》まつり」は夜、松明を持って、石段を駆け下りる勇壮なお祭りです

御朱印

墨書／熊野三神元宮、神倉神社
印／天磐盾、神戸社、皇祖獲天剱篇
●「三神元宮」とは熊野三山の神様が最初に降臨したことを示す

ヤタガラス お守りコレクション

勝負運も、恋愛運も、ライバルに差をつけたいなら絶対必携！　神様のお遣いヤタガラスをモチーフにしたお守りをご紹介

熊野速玉大社

800円　700円

熊野那智大社

1000円　500円　800円

熊野本宮大社

1000円　500円　500円

ヤタガラスは神様のお遣い。日本サッカー協会のシンボルにもなっていて、大事な試合の前には協会関係者たちが必勝祈願に訪れます。あらゆるシーンに「勝ち」をもたらしてくれるお守りは入手必須です

14：00 浮島の森 ← 徒歩8分 ← 15:25 JR新宮駅 ← きのくに線 24分 ← 15:48 JR紀伊勝浦駅 ← 紀伊勝浦に宿泊

浄化力最強の聖なる地は
ナチュラルな癒やしのパワー満載！

主祭神
熊野夫須美大神《クマノフスミノオオカミ》

熊野《くまの》那智《なち》大社《たいしゃ》

←まずお参りすべき拝殿。熊野那智大社のある位置は那智大滝の落ち口と同じ標高。境内の展望台からは滝全景が眺められる

みんなのクチコミ!!

樹齢800年をこえる楠の中をくぐる「胎内くぐり」はぜひやってみて
（まーこ）

熊野といえば古道ウォークは外せません。世界遺産にも登録されている熊野古道は、平安貴族から庶民まで祈願を胸に歩いた道。苔むした石畳には祈りのパワーが潜んでいます。そんな古道を歩いて熊野那智大社にお参りしましょう。石段を上りきると鳥居です。鳥居をくぐり、右側の拝殿に参拝します。御朱印は拝殿に隣接する御朱印受付で。「特に新緑の頃は緑が鮮やかで、本当に気持ちがいいです。境内にいるだけで自然が心を癒やし、さわやかな気持ちにしてくれます」と神職の方。参拝後は境内右側から青渡岸寺の境内を経て参道へ。那智大滝の全景が眺められます。

神社の方からのメッセージ

炎のパワーがもらえる

那智の火祭は那智大社の例大祭。毎年7月14日に行います。松明が繰り出すのは14時から。大滝の参道で行われる。すごい迫力ですよ

DATA
熊野那智大社
創建／第16代仁徳5（317）年
本殿様式／熊野権現造
住所／和歌山県東牟婁郡那智勝浦町1
交通／JR「紀伊勝浦駅」からバス「大門坂駐車場前」下車、徒歩35分
拝観時間／5:30～16:30頃
拝観料／無料（宝物殿大人300円、子供200円）

↑「えんむすびの糸」（500円）は紅白の絹糸のお守り。洋服などに縫いつけて

↑ヤタガラスがキュートなおみくじ（500円）

←大門坂茶屋を越えたところにある夫婦杉はなんと推定樹齢800年！ 杉の向こう側に見えているのが茶屋で平安衣装の貸し出しもしているのでぜひ写真撮影を

御朱印

墨書／熊野那智大社
印／日本第一霊験所、熊野那智大社、ヤタガラス印 ●「日本第一霊験所」は日本で一番霊験あらたかであることを意味する

御朱印帳はこちら！

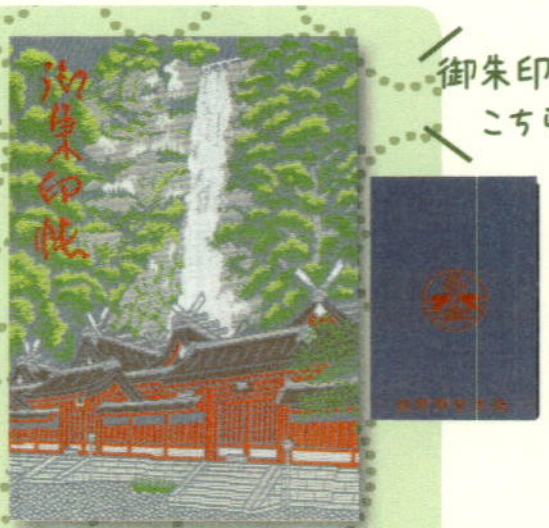

那智大滝と社殿。裏には向かい合う2羽の八咫烏が（1200円）

なでしこジャパンの澤穂希の足型→

熊野古道への入口となる大門坂駐車場には、日本サッカー協会のシンボル「ヤタガラス」を配した、なでしこジャパンワールドカップ優勝の記念碑がある。ヤタガラスがシンボルになったのは、近代サッカーを日本に紹介した中村覚之助が熊野の那智勝浦町出身だからという説もある。

↑高さ133mから落ちる大滝は落差日本一。毎秒1トンもの水量が落ちる。神武天皇が那智山中に輝く光を見て発見し、滝を神として祀ったのが始まりと伝わる。お参りは滝正面に設けられた鳥居から

滝を拝んで、滝を飲んだら体がシャキッ！
水の力で自分をリセット

那《な》智《ち》大滝《おおたき》（飛《ひ》瀧《ろう》神《じん》社《じゃ》）

主祭神
オオナムチノミコト
大己貴命

　石段を下りるにつれ、ごうごうと鳴る水音が大きくなり、下りきると正面に大滝が。

　社務所脇の遥拝所では、滝壺の水を飲むことができます。神様のパワーが宿った水は、飲むと心と体が潤っていくのを感じました。

　神職のお話では、「万物の命を育んでいるのが水。ですから、とても大きな力があると思います。大滝のそばにいると、生きていることが実感できて、水や自然に対して感謝する気持ちが湧いてきます。心に余裕も生まれますね」とのこと。確かに滝の前に立つと、パワーに圧倒されて、一瞬、息が止まるような感覚に。これって新しい自分にリセットできた瞬間かも。

　御朱印は大滝と同じ水系の湧き水で摩った墨で書いています。那智大滝の霊力が込められた御朱印ですね。

みんなのクチコミ!!

15時以降はツアー客が多いです。静かに参拝したいなら早朝がおススメ！(sora)

↑滝壺から引いた水が龍の口からしたたり落ちる。これを杯に受けて飲用する。飲めば延命長寿の御利益がある

↑社務所にて500円で徳利を買えば、これに滝の水を入れて持ち帰ることもできる

神社の方からのメッセージ

延命長寿に御利益あり

大滝は多くの修験者が滝修行に訪れたところです。滝の水を飲むと延命長寿に霊験ありとされています

御朱印

墨書／那智御瀧　印／那智御瀧之本　●「瀧」は大滝の勢いを現すような書体になっている

DATA
那智大滝（飛瀧神社）
創建／紀元前662年
本殿様式／滝が御神体で本殿はなし
住所／和歌山県東牟婁郡那智勝浦町那智山
交通／JR「紀伊勝浦駅」からバス27分
拝観時間／6:30～16:30
拝観料／無料（御瀧拝所大人300円、子供200円）

那智ならでは　黒あめソフトと梅ソフト

「那智黒」と呼ばれる黒飴をヒントに誕生した黒あめソフト。コクのある黒糖の味です。和歌山といえば梅の産地。梅ソフトは梅の果肉入り。那智大社参道の見晴亭で。各300円。

18:52 新大阪 ← くろしお28号・特急4時間4分 ← 14:48 紀伊勝浦駅 ← 電車待ち時間 ← 13:28 紀伊勝浦駅 ← 熊野交通バス27分 ← 13:01 那智の滝前 ← 徒歩5分 ← 12:15 那智大滝 ← 徒歩15分

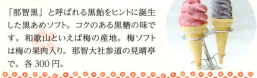

巨岩の力をとことん吸収
プラス思考の自分になれる

主祭神
伊弉冊尊《イザナミノミコト》

花窟神社《はなのいわやじんじゃ》

←高さ45m、幅80mの巨大な磐座は日本の国土を造り、神々を生んだイザナミノミコトの墓所とされる。この墓所に季節の花々を供えて祀ったことに因み花窟神社と名がついたと伝わる

「お縄掛け神事」の巨岩と御神木に綱を渡すところは必見

パワースポットとして人気があると地元の人にすすめられ、花窟神社と高野山に近い丹生都比売神社を訪ねました。花窟神社の境内に入ると頭上はるかに巨岩がそびえ、太陽の光に輝いています。その姿はエネルギーと威厳に満ちあふれて鳥肌もの。パワーを吸着したくて岩に手を当てるとあたたかい！　岩が生きているようです。少しマイナス思考だった気持ちが明るくなりました。「夜明けに仰ぎ見る岩屋は神々しく荘厳です」と神職は言います。境内の「石絵馬奉納所」を見ると丸くて白い石にお願いごとが書いてあります。神社の前の浜で拾った白い石に祈願を書いて奉納するのだとか。さっそく、前の浜で石拾いしました。御朱印は「野」の字が印象的です。毎年2月と10月に行われる「お綱掛け神事」の綱をイメージしているそうです。

←この白い石が石絵馬。奉納所ばかりか、巨岩の窪みにも納められている。だが、巨岩は御神体なのできちんと奉納所に収めること

↓これが「おたま様」！祈願をするときは手水舎で手を清め、両手をおたま様に当ててお願いする

どーんと願いを受け止めます

御朱印

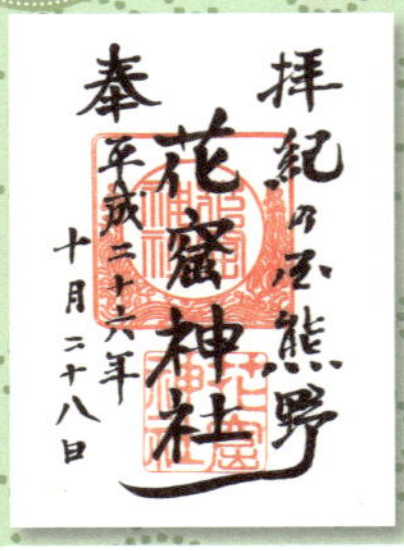

墨書／奉拝、紀の国熊野、花窟神社
印／花窟神社、花窟神社
●「紀の国」とは和歌山県と三重県を指す

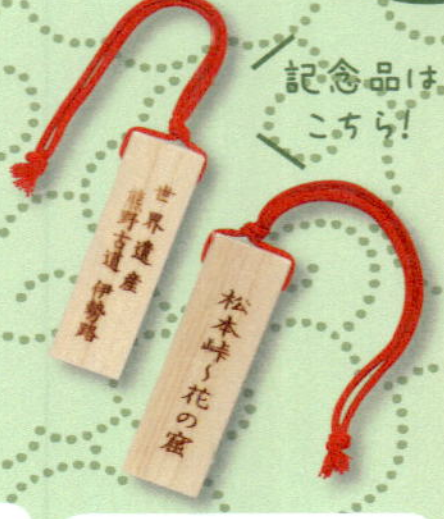

記念品はこちら！

熊野古道伊勢路観光ガイド「語り部」さんに、ガイドを頼むといただける記念品。ガイドは要事前電話予約

神社の方からのメッセージ

おたま様に試合の勝利祈願

手水舎の隣に祀られている球形の石は地元で「おたま様」と言われ、球技関係者が参拝にみえます。参拝後の初打席でホームランを打った野球選手もいるとか。

DATA
花窟神社
創建／不明
本殿様式／御神体は岩で本殿はなし
住所／三重県熊野市有馬町上地 130
交通／ JR「熊野市駅」からバス 5 分
拝観時間／自由
拝観料／無料

参拝後はここでひと休み

お綱茶屋

花窟神社への参道前に建っています。木造りの外観は昔ながらの茶屋風。麺類や古代米を使ったおにぎり、甘味などが味わえます。

豆知識　観光に便利なレンタサイクルは駅前にあります。土・日・祝日には 1 日 200 円乗り放題で観光スポットをめぐる周遊バスが発着

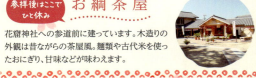

↑紀伊国一ノ宮（一ノ宮については→P.34）。楼門は室町時代のもので、楼門奥の本殿は一間社春日造で日本一の大きさ。ともに国の重要文化財

悪縁をすっぱり切って
明るい未来を切り拓こう

主祭神
ニウツヒメオオカミ
丹生都比売大神

丹《に》生《う》都《つ》比《ひ》売《め》神《じん》社《じゃ》

「御朱印には神様の力が宿っています。お守りと同じです」だから、大事にしてほしいと宮司に言われました。そして「ニウツヒメオオカミは厄除け、将来の道を拓くのに力を与えてくれる神様です。つまり、あらゆる悪縁を絶ち切って良縁を結んでくれるのです。お参りして心身を清めれば、もとのすばらしい自分に立ち返ることができるはずです」。

熊野

御朱印

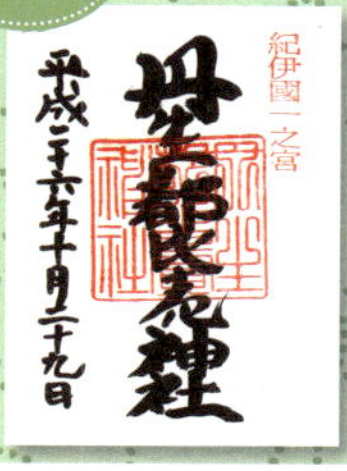

墨書／丹生都比売神社
印／紀伊國一之宮、丹生都比売神社　●丹とは朱を表し、朱は魔を祓う力のある色とされています

御朱印帳はこちら!

太鼓橋と社殿。裏は高野山への巡礼路に建つ二ツ鳥居（1200円）

DATA
丹生都比売神社
創建／1700年以上前
本殿様式／一間社春日造
住所／和歌山県伊都郡かつらぎ町上天野230
交通／JR笠田駅からバス30分
拝観時間／自由
拝観料／無料

←朱塗りの太鼓橋は淀君の寄進と伝わる。橋を渡るときには中央は神様の通り道なので両端を歩く

和歌山 MAP

高千穂・阿蘇
宮崎県・熊本県

神を感じる高千穂&阿蘇で自分レボリューション！

画像提供：高千穂町観光協会

高千穂は神々が初めて地上に降り立ったと神話で語られる聖なる地。
神々の気配を感じる神話ゆかりのスポットとダイナミックな自然をめぐって、日本屈指といわれるパワーをチャージ！

←国見ヶ丘は標高 513 mの丘で、雲海の名所として知られます。海のように広がった雲に浮き上がる山々は島のよう。この神々しい眺望を見ると、高千穂という土地は神々が降り立った聖地なのだと実感できます

←拝殿の奥に国指定重要文化財の本殿があります。本殿の脇障子には、荒ぶる神「鬼八」を退治する御祭神の三毛入《ミケイリ》野命《ノミコト》の彫刻が施されている。御利益は厄除け、縁結び、交通安全など

まずはグリーンパワーで
心とカラダ、活性化！

主祭神
高千穂皇神《タカチホスメガミ》
十社大明神《ジュッシャダイミョウジン》

高千穂神社《たかちほじんじゃ》

早朝のフライトで阿蘇くまもと空港に到着。空港から高千穂神社までは高速バスで約2時間の道のり。しばらくするとバスの車窓には雄大な阿蘇山の風景が広がります。神話の里らしい大自然の景色が続き、長距離移動も苦になりません。

神社が立つ高千穂は天上界を支配する天照大神《アマテラスオオカミ》

御朱印

日向高千穂
高千穂神社
平成二十六年十一月九日

墨書／高千穂神社　印／日向高千穂、高千穂宮
●伝説ゆかりの高千穂の名にパワーを感じる

赤と青で
裏表紙がちがう！
御朱印帳は
こちら！
青
赤

ニニギノミコトが高千穂に降り立つ場面が描かれた御朱印帳はお参りの記念にピッタリ。赤と青 2 色あり、裏表紙の図柄は夫婦杉と高千穂峡の 2 パターン(1300 円　御朱印初穂料含む)

お守りは
こちら！

「夫婦杉」をモチーフにした「縁結守」(500 円)。夫婦杉のようにガッチリご縁を結んでいただけそう

DATA
高千穂神社
創建／垂仁天皇御代
本殿様式／五間社流造
住所／宮崎県西臼杵郡高千穂町大字三田井1037
交通／「高千穂バスセンター」より徒歩 15 分
拝観時間／自由
拝観料／無料

モデルプラン 1日目

10:00 阿蘇くまもと空港 → 高速バス 2時間5分 → 12:09 高千穂バスセンター → 徒歩 15 分 → 12:30 高千穂神社 → 徒歩 20 分 → 14:00 高千穂峡

から、人々が争う地上を治めるように命じられたアマテラスの孫、瓊瓊杵尊《ニニギノミコト》が降り立ったとされる神話「天孫降臨《てんぞうこうりん》」の舞台です。

高千穂神社は参道も境内も、空を覆うほどの大木が茂り、空気が緑色に染まっているよう。深呼吸すれば清らかな空気がたっぷり肺を満たしていきます。細胞が生き生きして、キレイになった自分を感じて本殿にお参り。本殿の左を見ると杉の巨木。説明には樹齢400年の「夫婦杉」とありました。御朱印を頂きに授与所へ。神職に樹木のパワーで頭がすっきりしましたとお話しすると「境内の木には樹齢800年を超えるものもあります。神様の力が宿っていると感じませんか?」。そのとおりです。御朱印帳を見ると天孫降臨のワンシーンが。「天孫降臨や神話に興味があったら、夜神楽にいらっしゃい。初めてでも神々の物語がよくわかりますよ」。夜のスケジュールに「夜神楽見学」と書き込みました。

↑「夫婦杉」は根本がひとつにつながった2本の巨樹。夫婦や恋人と手をつないで周囲を3周すると夫婦円満、縁結び、子孫繁栄などの願いがかなうという言い伝えも

夜神楽を見学! 神話を知る

高千穂神楽

高千穂神社の境内の神楽殿では毎晩、高千穂の伝統神事「夜神楽」の代表的な舞が披露されます。本来の夜神楽は毎年11月中旬から2月上旬にかけて町内の集落ごとに行われ、一晩かけて33番の舞を奉納します。高千穂神楽はそのダイジェスト版。解説付きなので、神話に詳しくなくても安心!

夜神楽
開催場所／神楽殿
開催時間／20:00～21:00
料金／700円（小学生まで無料）

手力雄《タヂカラオ》の舞
タヂカラオは神様のなかで一番の力持ちとして神話に登場します

鈿女《ウズメ》の舞
ウズメは「天岩戸神話」に登場するコミカルな踊りの名手です

立ち寄りマストな パワースポット

ただただ感動　リフレッシュ!

高千穂峡

高千穂神社から遊歩道を下っていくと高千穂峡の入口、高千穂大橋に到着です。ここから渓谷沿いに歩道が延びています。高千穂峡は阿蘇山の噴火で噴出した溶岩が冷え固まった断崖が続く渓谷。断崖の高さは80～100m。切り立った断崖と五箇瀬川のつくる風景はスケールが大きくて圧倒されるばかり。周囲から「すごいね」「うわーっ」という声が上がります。高千穂峡のシンボルが「真名井の滝」。滝の下までボートで行けます。川から見上げる滝は光を反射してキラキラ。冷たい滝の水滴を浴びて、マイナスイオンを実感。心も体もリニューアルできました。

高千穂峡
住所／宮崎県西臼杵郡高千穂町大字三田井御塩井
交通／高千穂神社から高千穂大橋の渓谷入口まで徒歩20分

画像提供：高千穂町観光協会

↑約17mの高さから渓谷に流れ落ちる「真名井の滝」。「日本の滝百選」にも選ばれている。手漕ぎボート乗り場へは渓谷入口から徒歩20分ほど

←神々が集い、どうやってアマテラスを天岩戸から外に出そうか相談したという天安河原の洞窟に祀られる「天安河原宮」。石を重ねると願いがかなうといわれ、小さな石が無数に積み上げられている

神々が集合した洞窟でタマシイを引き締める

主祭神
天照皇大神《アマテラスオオミカミ》

天岩戸神社《あまのいわと　じんじゃ》

天岩戸は弟の乱暴に怒った姉・アマテラスが引きこもってしまったという洞窟。申し込めば、遥拝所からこの天岩戸の場所を拝観できます。神職の方に案内していただけるので、神話について聞けたり、質問するとていねいに答えていただけます。「天安河原宮」への興味もぐっと湧いてきて、天安河原宮までの500mは思わず早足。洞窟の中に入ると全身がキリッと爽快。この感じは空気の冷たさばかりじゃない、きっと神様たちのパワーだと思いました。

御朱印

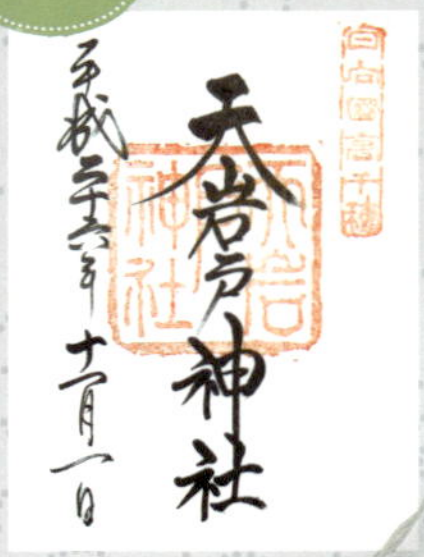

墨書／天岩戸神社　印／日向國高千穂、天岩戸神社
●アマテラスを思わせるやわらかく上品な御朱印

＼御朱印帳はこちら！／

天岩戸神話にまつわる絵柄など御朱印帳は3種類そろう（1300円）

＼お守りはこちら！／

御神木であるおがたまの木の花をあしらった「健康・開運御守」（700円）

←天岩戸の洞窟をお祀りしている「西本宮」。天岩戸の拝観受付は社務所で。神社前を流れる岩戸川の対岸に見える天岩戸は撮影禁止なのでしっかり目にやきつけておきましょう。

DATA
天岩戸神社
創建／不明
本殿様式／神明造
住所／宮崎県西臼杵郡高千穂町岩戸 1073-1
交通／高千穂バスセンターより宮崎交通バス「天岩戸神社前」下車すぐ
拝観時間／自由（天岩戸拝観受付 8:30 ～ 16:30）
拝観料／無料

←高さ約 18 mの楼門は国指定重要文化財。神社では珍しい二層式で、繊細な彫刻も見どころ。壮大さと美しさを兼ね添えたたたずまいに風格がある

パワフルな気に触れてゲンキ力強化に成功！

主祭神
健磐龍命《タケイワタツノミコト》

阿蘇神社《あ　そ　じん　じゃ》

社殿の背後はすこーんと抜けた青空。参道の砂利も陽光で輝いています。阿蘇神社は阿蘇山の平穏と恵みを人々に授けてくれるタケイワタツノミコトを神として祀っています。噴火は神の怒り、そこで古代から人々は怒りが鎮まるように神に祈りを捧げてきました。今でも、神社では阿蘇山の活動が活発になるとお祓いをしているそうです。

噴火を鎮めるほどのパワフルな神様がここにはいるんです。だから、楼門

神社の方からのメッセージ

阿蘇の雄大な自然を感じてください

阿蘇の神は火山神として畏怖の対象でしたが、その一方で、恵みをもたらす農耕の神として、古来より信仰を集めてきました。阿蘇神社の境内から、阿蘇の自然と歴史を感じていただければ幸いです。

↑「縁結守」（500円）。"運命の赤い糸"のモチーフがキュート！

→災いを持ち主の代わりに引き受けてくれる「身代わり御守」（500 円）

モデルプラン 2日目

8:31 高千穂バスセンター → 特急バスたかちほ号 1時間6分 → 9:37 高森中央 → 徒歩 3 分 → 10: 27 高森駅 → 南阿蘇鉄道+JR肥後本線で 1時間 16 分 → 11:43 宮地駅

←「縁結びの松」とも呼ばれる「高砂の松」。女性は右から2回、男性は左から2回、祈願しながら周囲を回ると良縁の御利益が頂けるといわれる。お試しあれ!

も、社殿もどっしりとして、境内は明るい。頭上にどこまでも広がる空を見ていると体の底から熱いエネルギーが湧いてきます。高砂の松には良縁、願かけ石には運気アップをお願いして、御朱印を頂きにいきました。

御朱印

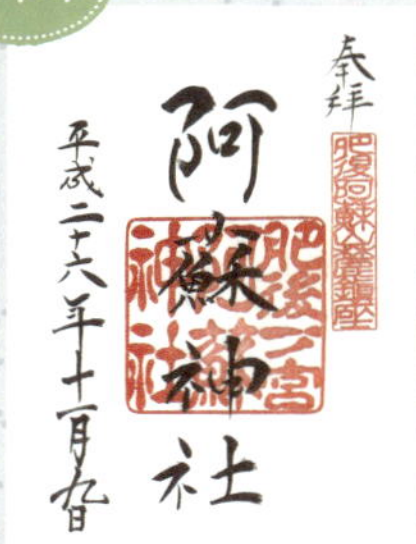

墨書／奉拝、阿蘇神社　印／肥後阿蘇山麓鎮座、肥後一ノ宮阿蘇神社　●肥後一ノ宮の格式を感じる

御朱印帳はこちら!

金色の地に、歴史ある楼門が映える御朱印帳（1500円）

DATA

阿蘇神社

創建／孝霊天皇9年（紀元前282年）
住所／熊本県阿蘇市一の宮町宮地3083-1
交通／JR「宮地駅」より徒歩15分
拝観時間／自由
拝観料／無料

飲み比べも楽しい♪

水基めぐり

阿蘇神社の門前町には「水基」と呼ばれる湧水飲み場が点在しています。レトロな町並みと新鮮な湧き水めぐりを楽しみながら散策してみてはいかがでしょう。

高千穂・阿蘇 MAP

12:00 阿蘇神社 ← 徒歩 5 分 ← **13:35** 水基めぐり ← 徒歩 15 分 ← **15:09** 宮地駅 ← 高速バスやまびこ号 56 分 ← **16:05** 阿蘇くまもと空港

（阿蘇神社の前：徒歩 15 分）

富士山
山梨県・静岡県

日本一の山の神様にお参り！
パワーあふれる美しき富士山へ

画像提供 公益社団法人やまなし観光推進機構

世界文化遺産に登録されている富士山は、日本人にとっては、だれもが姿を見るだけで元気がもらえるエネルギーの源です。その恵みにふれて、見て、感じて、日本一のパワーをチャージしましょう。

←太古の昔から、神そのものとして崇拝されてきた富士山。見るものすべての心を捉えて離さない、気高く美しい姿はまさに日本一の山

↑入口には荘厳な楼門が建つ。楼門は2階建てで正面、左右脇に扉がつく。門の左右には神に仕え、神を守る随身という男性像2体が安置されている

↑本殿は徳川家康が1604年に造営したもの。2階建ての楼閣造で、浅間造とも呼ばれる。屋根は檜皮葺《ひわだぶき》で優美な姿を見せている。背後には富士山が見え、本殿との見事な風景を見せてくれる

縁結びにも効く♪　みなぎる富士山パワー

主祭神
木花之佐久夜毘売命《コノハナノサクヤヒメノミコト》
（浅間大神《アサマノオオカミ》）

富士山本宮浅間大社《ふじさんほんぐうせんげんたいしゃ》

富士山を御神体として祀るのが、山麓に位置する富士山本宮浅間大社です。全国に約1300社ある浅間神社の総本宮とたたえられ、富士信仰の中心地として信仰されてきました。鳥居から見る富士山は雄大で、思わず拝みたくなるほど神々しい姿ですが、平安時代、富士山は噴火を繰り返していたので恐れられていました。人々は噴火は富士山の怒りと考え、鎮めてもらうため、富士山の神様アサマノオオカミ（コノハナサクヤヒメ）を祀

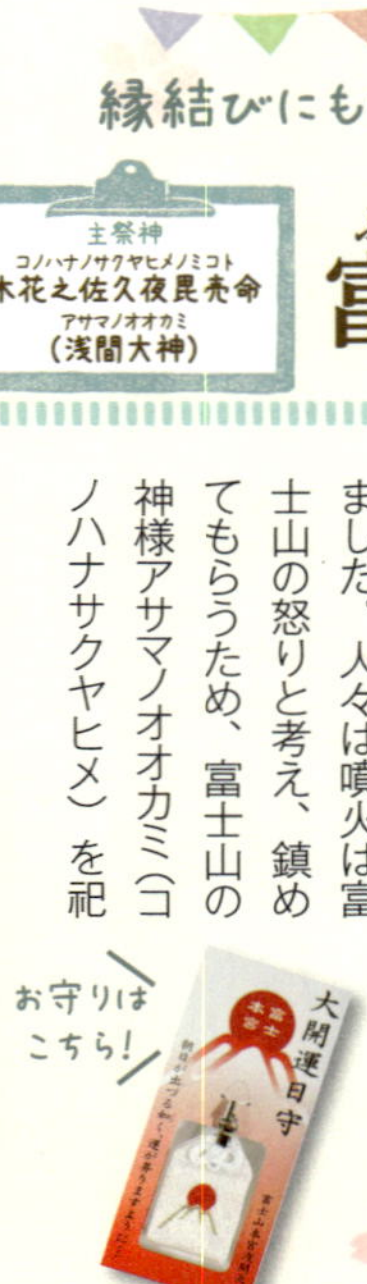
お守りはこちら！
大開運日守

↑「大開運日守」（1000円）は日が昇るように運が開けるようにとの願いがこめられている

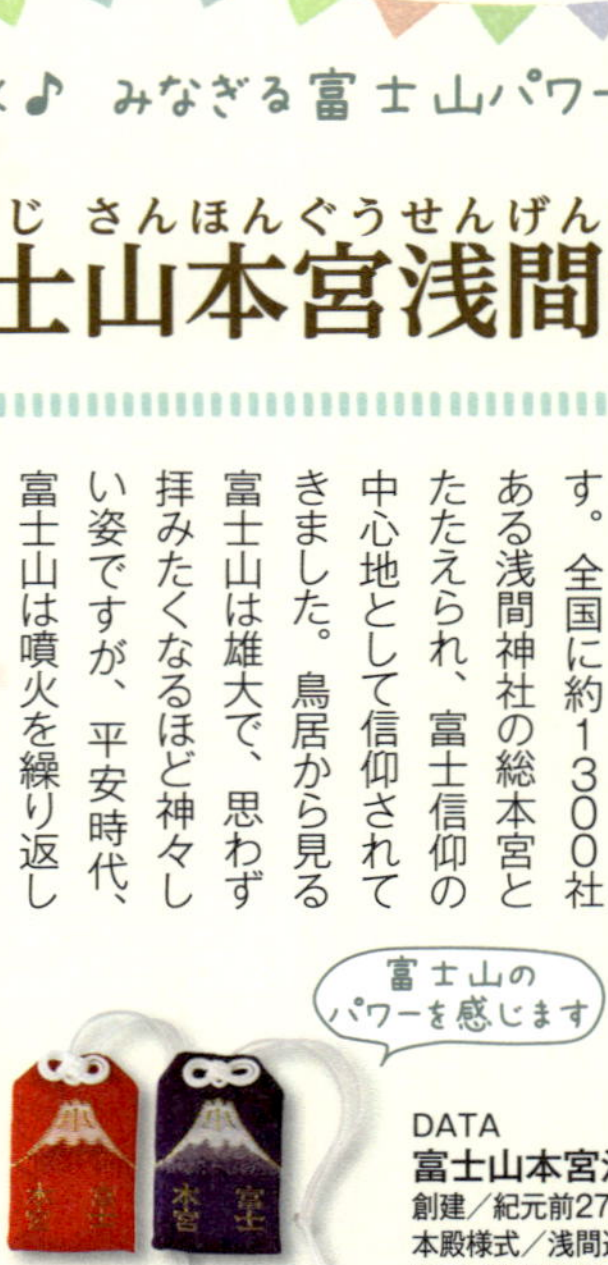
富士山のパワーを感じます

↑富士山が刺繍された「富士山袋守」（1000円）。縁結びにも効く、パワーがこめられている

DATA
富士山本宮浅間大社
創建／紀元前27年
本殿様式／浅間造
住所／静岡県富士宮市宮町1-1
交通／身延線「富士宮駅」より徒歩10分
拝観時間／8:30～16:30
拝観料／無料

モデルプラン 1日目

4:00 富士山5合目宿泊所
徒歩7時間
11:00 富士山山頂
昼食を済ませ
12:00 下山開始
徒歩4時間
16:10 五合目到着（路線バス）
バス45分

り、祈りを捧げたのです。これが浅間大社の起源だといわれます。

樹木が茂る境内には凛と張りつめた空気に包まれ、富士山パワーがみなぎっているのが実感できます。社殿は、美しい女神のお住まいにふさわしく、品格と威厳が感じられます。御利益も女神らしく安産や縁結び。本殿の参拝が済んだら、富士山の伏流水が湧き出す湧玉池に触れてください。パワーで体が満たされます。

↑本殿の裏側にある湧玉池は、富士山の雪解け水が常にこんこんと湧出し、強大なパワーがある場所。かつては、富士登山前に湧玉池の水を浴びて身を清める習わしがあった。透き通る水に心が清らかに。水はペットボトルなどに汲んで持ち帰ることもできます

↑信玄桜は拝殿右側にあり、武田信玄が寄進したとされるしだれ桜の子桜。御祭神は桜の化身ともされ境内には多くの桜がある

御朱印

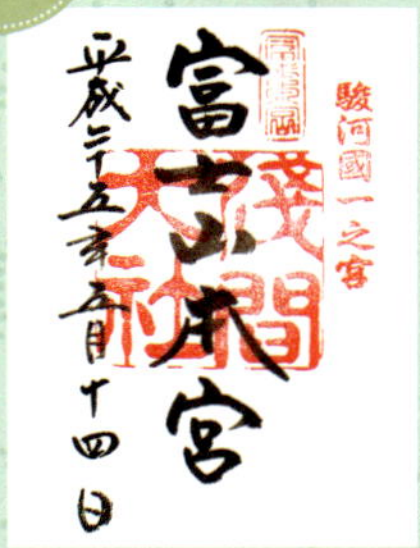

墨書／富士山本宮　印／駿河國一之宮、富士本宮、浅間大社　●富士山を思わせるシンプルな美しさ

＼御朱印帳はこちら！／

御朱印帳は富士山をバックに桜と本殿は境内からの風景を表現している（1500円）

一度はチャレンジ富士登山
日本一の御朱印を目指して!!

富士山頂上浅間大社奥宮《ふじさんちょうじょうせんげんたいしゃおくみや》

主祭神
木花之佐久夜毘売命《コノハナノサクヤヒメノミコト》

↑御朱印のほか、お守りやお札もある。登頂のいい記念に

富士山8合目以上は富士山本宮浅間大社の奥宮境内。富士宮口から登った山頂に社殿が設けられ、ここからのすばらしい眺望は登山の疲れを癒やしてくれます。奥宮で頂いた御朱印を見ると朱の部分が少し黒ずんでいます。これは朱肉に周辺の溶岩をすりつぶして混ぜているからです。このほか、御朱印が押された色紙などもあるので実際に登って確かめてください。

御朱印

墨書／富士山頂上、浅間大社奥宮　印／富士頂上奥宮之印、富士本宮浅間大社奥宮之印　●赤茶色の印は富士山登頂の証

＼御朱印帳はこちら！／

頂上でしか頒布していない御朱印帳。金で縁取られた富士山が荘厳（1500円）

DATA
富士山頂上浅間大社奥宮
拝観時間／日の出～日没
拝観料／無料
※7～8月の開山期のみ

※前日に富士山五合目までバスで入り宿泊し、翌日登山します。これは、あくまでもモデルコースです。
登山には体力等個人差がありますから、無理のない計画を立ててください

河口湖温泉郷に宿泊　←　熊野交通バス 21分　16:55 河口湖着

↑拝殿は江戸時代の建立。拝殿の前にそびえるのは「冨士太郎杉」と呼ばれる杉の巨木で樹齢1000年以上、樹高30mとされる

富士山を拝み、噴火を鎮める

主祭神
木花開耶姫命《コノハナノサクヤヒメノミコト》
彦火瓊々杵尊《ヒコホノニニギノミコト》
大山祇神《オオヤマヅミノカミ》

北口本宮《きたぐちほんぐう》富士《ふじ》浅間神社《せんげんじんじゃ》

富士山吉田口登山道の入口にあり、富士山を拝み、平穏を祈る神社として創建されました。杉やヒノキの古木が繁る深閑とした参道を進むと、木造では日本最大の鳥居である「富士山大鳥居」、さらにその先には国指定重要文化財の本殿をはじめとした社殿が建ちます。荘厳な雰囲気に包まれた境内には富士山のパワーが感じられます。「日本三奇祭」のひとつに数えられる「吉田の火祭り」は、富士山の噴火を鎮めるのが起源。

御朱印

墨書／参拝、北口本宮　印／北口本宮、冨士浅間神社、桜の社紋　●墨書は富士山の形をイメージさせる書体

お守りはこちら！

ちゃんとお守り袋が結んである「むすび守」（300円）

御朱印帳はこちら！

御朱印帳は富士山と桜のデザイン。和テイストあふれる優美さ（1500円）

DATA
北口本宮冨士浅間神社
創建／110年
本殿様式／一間社入母屋向拝唐破風造
住所／山梨県富士吉田市上吉田5558
交通／富士急行富士山駅より富士急山梨バス「浅間神社前」下車すぐ
拝観時間／9:00～16:30（祈祷受付）

↑社殿より5分ほど進んだところにある大塚丘は高さ5mほどの小高い丘。北口本宮冨士浅間神社の発祥の地

河口湖畔から富士山を見守る

主祭神
木花之佐久夜毘売命《コノハナノサクヤヒメノミコト》

河口浅間神社《かわぐちあさまじんしゃ》

河口湖を挟んで富士山と向き合う地に建っています。古代に富士山が記録的な大噴火を起こした際、噴火を鎮めてもらうため、富士山の神様コノハナサクヤヒメノミコトを祀り、創建されたと伝わります。鳥居をくぐると杉の巨木が茂る参道が社殿まで続き、とてもきれいな空気が流れています。噴火を鎮める御祭神のパワーは強大で御朱印にもその力が感じられました。

↑社殿の南側には「7本杉」と呼ばれる巨樹が真っすぐそびえ立っています

御朱印

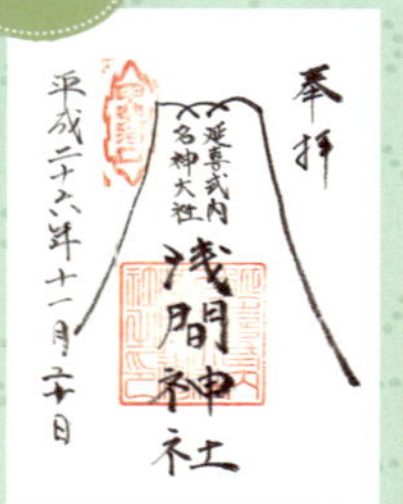

墨書／奉拝、延喜式内名神大社、浅間神社　印／甲斐河口、延喜式内明神大社印　●神職が手書きで富士山を描いてくれます

DATA
河口浅間神社
創建／865年
本殿様式／唐破風一間社流造
住所／山梨県南都留郡富士河口湖町河口1
交通／富士急行「河口湖駅」より富士急バス「河口郵便局前」下車徒歩5分
拝観時間／自由
拝観料／無料

モデルプラン 2日目

10:42 河口郵便局前（バス停）
バス 18 分
11：00 富士山駅
昼食・休憩
12：18 富士山駅
バス 6 分
12：24 北口本宮冨士浅間神社
徒歩 10 分

←華やかな色彩が施された本宮。屋内に上がると「お伺い石」がある。祈願して石を持ち上げ、石が軽く感じたら祈願が成就するそう

日本一の金運スポットと評判

主祭神
大山祇大神《オオヤマツミノオオカミ》

新屋山神社《あらややまじんじゃ》

良縁祈願や開運に効くパワーを持つ神社です。26基もの鳥居をくぐって本殿まで進むと、最初にお祓いを受けます。そして、社殿に上がると、他の神社では神職しか座ることができない祝詞台《のりとだい》に座って、神様の近くでお参りができます。神社の方の話では、少し離れていますが、富士山の2合目にある奥宮はハイレベルなパワーが流れ、「日本一の金運スポット」として評判とのことです。

御朱印

印／参拝、新屋山神社
●富士山を崇拝する神社らしく富士山と裾野に広がる樹林帯が中心に押されている

御朱印帳はこちら！

御朱印帳の表紙は御祭神の大いなる山の神、オオヤマツミノオオカミが描かれている（1500円）

↑金運上昇と開運招福を祈願する「金運カードお守り」（1500円）。カード形式なので財布に入れやすい

DATA
新屋山神社
創建／1534年
住所／山梨県富士吉田市新屋1230
交通／富士急行「富士山駅」より富士急山梨バス「浅間神社前」下車徒歩10分
拝観時間／5～11月　9:00～16:00、奥宮10:00～15:30、12～4月　9:00～15:30（12～4月は奥宮休社）
拝観料／無料

富士山 MAP

（富士登山をしない場合は逆コースをとり、河口湖に宿泊。翌日、富士山本宮浅間大社を参拝して帰宅します）

13:30 新屋山神社 → 車23分 → 15:26 河口浅間神社 → バス19分 → 15:45 富士山駅

番外編 伊勢志摩 三重県

開運お伊勢参り

女子ふたり！ パワーと御利益を授かりに☆

仕事にどっぷりの毎日。気分転換に旅行したいと思い最強の聖地・お伊勢さんに行くことに！ 伊勢は神々のなかの中心の神・天照大御神《アマテラスオオミカミ》を2000年に渡ってお祀りしてきた聖地中の聖地。周辺には御利益スポットもいっぱいあるし、何もかも投げ出して伊勢へまっしぐら！

夫婦岩

二見興玉神社のシンボル、縁結びスポットとして大人気の「夫婦岩」。4〜7月には両岩の中央から昇る朝日を拝むことができる

お気楽女子旅♪ 伊勢を堪能しました

忙しい毎日で心も体もお疲れ……なライター(女)の私は、友人(女)を誘い、初めての伊勢神宮へ。新しい御朱印帳を用意してこころゆくまで御利益にあずかる旅を楽しみました。

Let's Go!

1日目 伊勢神宮参拝前にまず心身を清める！

伊勢神宮の参拝の前に二見興玉神社に参拝をして心身を清めたという昔の風習にならって、まずは二見興玉神社へ。

11:20 二見浦駅出発！

徒歩15分

11:35 目の前は海色一色。沖の夫婦岩は縁結びの御利益大

ビルばっかり見ていた目の中いっぱいに広がる青い海。海洋ミネラルたっぷりの潮風に吹かれ、う〜ん！と伸びをしたら、一気にリフレッシュ!

二見興玉神社《ふたみおきたまじんじゃ》

詳細はP.60へ

二見浦駅から伊勢市駅までJR参宮線で8分、徒歩5分

伊勢市駅

14:00 「参拝は外宮から」が決まりごと。境内のパワフルな巨木に圧倒された

伊勢神宮は内宮と外宮を中心とした125社の総称。外宮から参拝するのが古来からの習慣です。外宮の社殿を囲む樹木は巨大。太い幹から生命力が伝わります。御祭神は、衣食住を守る豊受大御神《トヨウケノオオカミ》。20年に一度の式年遷宮（新しいお宮へ遷ること）を終え、清々しく凛とした空気に、自然と「平和な暮らしと食事ができることにまず感謝」という想いが。

伊勢神宮豊受大神宮《いせじんぐうとようけだいじんぐう》（外宮《げくう》）

DATA 伊勢市豊川町279

徒歩10分

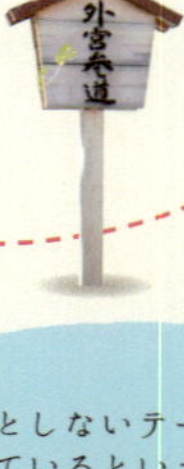
外宮参道

16:00 月の神様のお住まいは涼やかでとってもステキ

お祀りしているのが月の神様「月夜宮尊《ツキヨミノミコト》」。ツキヨミ様は天照大御神の弟神。境内にはクスやケヤキが茂り、神域に一歩、足を踏み入れると、周囲のにぎやかさが嘘のような静けさに満ちています。社殿はすっきりと涼やかで夜空に冴える月の神様のお住まいらしいたたずまいです

月夜見宮《つきよみのみや》

DATA 伊勢市宮後1

17:00 伊勢市のホテルへ。今夜は女子ふたりで宴会！

地元のものを食べて、飲んで……

あ〜あ
ツキヨミ様

おことわり

「御朱印」「開運」など神社本来の参拝を目的としないテーマの雑誌・書籍での御朱印掲載はすべて遠慮しているという方針に従い、本書では伊勢神宮の御朱印の掲載をしておりません。

2日目　すっきり、お目覚め！お伊勢参りのハイライト内宮へ

8:30　伊勢市駅からバスで出発！

伊勢市駅から内宮前までバスで 20 分、徒歩すぐ

9:00　朝の空気満ちる境内で感じた最高神の威厳に言葉を失う

内宮には五十鈴川にかかる宇治橋を渡って。橋の上はひんやりとした川風が吹き抜け、心が洗われる感覚を実感。朝の新鮮な空気が気持ちよく、深呼吸。手水舎もありますが、本来の作法に従い、五十鈴川の御手洗場で手口を清めると身も心も引き締まります。いよいよ太陽にもたとえられ、神々のなかで中心の神・天照大御神を祀る御正宮です。2000 年変わらぬ社殿はシンプルながら、ただならぬ威厳に満ち、普段は「気」や「パワー」などあまり感じない私でも、神の気配を感じました

伊勢神宮皇大神宮《いせじんぐうこうたいじんぐう》（内宮《ないくう》）

DATA　伊勢市宇治館町 1

徒歩すぐ

10:30　おはらい町・おかげ横丁で、伊勢名物てんこ盛り。あれもこれも、たらふくご馳走様ッ

参拝客で大にぎわいの内宮の門前町で食べる・買うのアミューズメントタイム突入。おかげ横丁は江戸時代からお伊勢参りの旅人が参拝後に飲んだり食べたりを楽しんだところ。ガッツリいただきます。伊勢うどん、伊勢エビコロッケ、赤福餅……女子ふたりで食べたいもの全制覇だ！

おはらい町・おかげ横丁

徒歩 5 分

14:00　おはらい町の東側にある開運祈願の神社

「万事を最も善い方向へ導いてくれる」神様、猿田彦大神《サルタヒコオオカミ》は内宮がある地を開拓した神様でもあります。そこで、幸せな未来を切り開いていけますようにとお願いしました

猿田彦神社《さるたひこじんじゃ》

詳細は P.60 へ

徒歩 17 分

15:30　本日最後の参拝は神聖な神社で締めます！

月夜見宮と同様、ツキヨミ様がお住まいの社殿です。こちらでは月讀尊《ツキヨミノミコト》と書きます。シンプルな4つの社殿と白石は清潔感にあふれ、神様の住まいらしい神聖さを感じます

月讀宮《つきよみのみや》

DATA　伊勢市中村町 742-1

月讀宮から五十鈴川駅まで徒歩 11 分、五十鈴川駅から鳥羽駅まで近鉄線で 12 分

18:00　鳥羽で1泊

せっかくなのでこの日は鳥羽まで行き、鳥羽湾を見渡す海辺の宿で一泊。夕焼けの海を眺め、鳥羽の名物を堪能しました

3日目　女子の願いをかなえると聞きつけたからには郊外まで行かねば！

10:00　鳥羽バスセンター出発

最終日の朝はゆっくり出発。鳥羽バスセンターから相差まではかもめバスで約 40 分、徒歩 5 分

10:45　おお！ここが全国女子の夢をかなえるパワスポだ！

女子の願いをひとつかなえてくれると話題で小さな社にはたくさんの人の行列が！　私たちも祈願に集中する。大人気の海女さん手作りお守りもゲット♪

神明神社《しんめいじんじゃ》（石神《いしがみ》さん）

詳細はP.61へ

時間に余裕があれば……

渓谷に鎮座するもうひとつの遙宮。美しい緑に囲まれ、厳かな気が漂っています

瀧原宮《たきはらのみや》

DATA　度会郡大紀町瀧原 872

鳥羽駅から上之郷駅まで近鉄志摩線で23分、徒歩3分

14:30　小鳥のさえずりを聞いてのんびり参拝で心のびのび

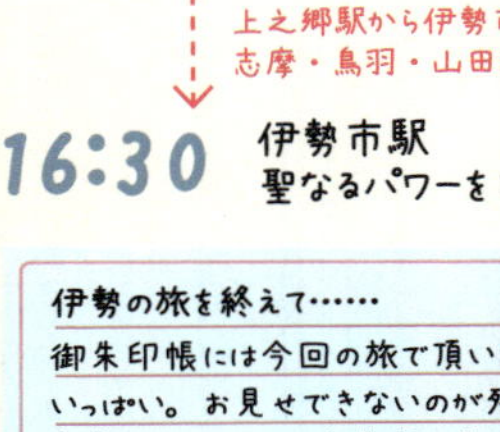

海辺を離れ、内陸部の遙宮《とおのみや》へ。遙宮とは、伊勢神宮から離れた場所で天照大御神御魂を祀る神社のこと。斎館前の楠木の巨大な根もとにビックリ！　社殿からは、穏やかな癒やしの気が流れているようでした

伊雑宮《いざわのみや》

DATA　志摩市磯部町上之郷 374

上之郷駅から伊勢市駅まで近鉄志摩・鳥羽・山田線で 50 分

16:30　伊勢市駅　聖なるパワーをとことんチャージ。また来るよー！

伊勢の旅を終えて……

御朱印帳には今回の旅で頂いた御朱印がいっぱい。お見せできないのが残念ですが、何年たっても、この御朱印を見るたびに伊勢や鳥羽の風景、その時の感動を鮮明に思い出すでしょう。明日からのパワーをチャージできて、友人との仲も深まりました。毎日の生活に疲れたら、また伊勢に来よう！

←高さ9mの男岩と4mの女岩が注連縄で結ばれた「夫婦岩」。元々はふたつの岩の間から昇る“日の神”を拝むための鳥居なのだそう。毎年5、9、12月に注連縄が張り替えられる

「お清め」&「縁結び」
ダブルの強力パワー!

主祭神
猿田彦大神《サルタヒコノオオカミ》

二《ふた》見《み》興《おき》玉《たま》神《じん》社《じゃ》

境内の近くまでザパ〜ンと寄せる波の迫力に、思わず「おお〜」と声が上がります。神社が面する二見の海にはお清めパワーがあると聞き、真っ先に向かった二見興玉神社。参拝の目的はもうひとつ、縁結び祈願です。潮風にふかれながら参道を歩き、本殿、さらに奥まで進むと、固く結ばれた縁結びのシンボル、夫婦岩が目の前に。その姿を見ているだけで、なんだか幸せ。御朱印を頂くと、そこにも夫婦岩の印。日の出の名所でもあり、5〜7月は両岩の間を輝く朝日が昇ります。

御朱印

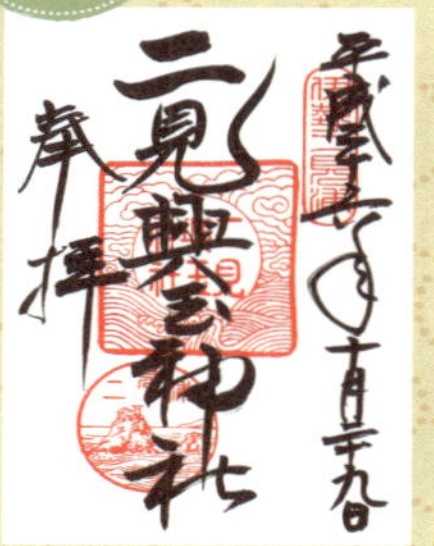

墨書/二見興玉神社、奉拝
印/伊勢二見浦、二見興玉神社
●リアルな夫婦岩の印に注目

御朱印帳はこちら!

夫婦岩の日の出風景が美しい御朱印帳。情熱的な色みで恋愛運がアップしそう(1200円)

ゲロゲロ

←境内のあちこちに主祭神・サルタヒコのお遣いとされるカエルの像! 手水舎のカエルは頭に水をかけると願いがかなうという「満願蛙」

DATA
二見興玉神社
創建/不明
本殿様式/神明造
住所/三重県伊勢市二見町江 575
交通/JR参宮線「二見浦駅」より徒歩 15分
拝観時間/自由
拝観料/無料

←仕事や学業、恋愛など、人生の万事においてよい方向へ道を開いてくださるという心強い神様、サルタヒコをお祀りする本殿

開運全般お任せ!
何かを始める前の参拝がオススメ

主祭神
猿田彦大神《サルタヒコノオオカミ》

猿《さる》田《た》彦《ひこ》神《じん》社《じゃ》

明るいエネルギーが満ちているのを感じる境内。お祀りされるサルタヒコは神様の道案内を務めた〝みちひらき〟の神様。本殿の手前には気になる八角形の石……。「元々この位置に本殿があったのですよ。八角形は方位を意味し、何かを始めるときによい方向へ進むお力がいただけると言われます」と神職の方。御朱印にも八角形の印が押されています。よし! 迷ったときに、御朱印を見てパワーをいただこう!

御朱印

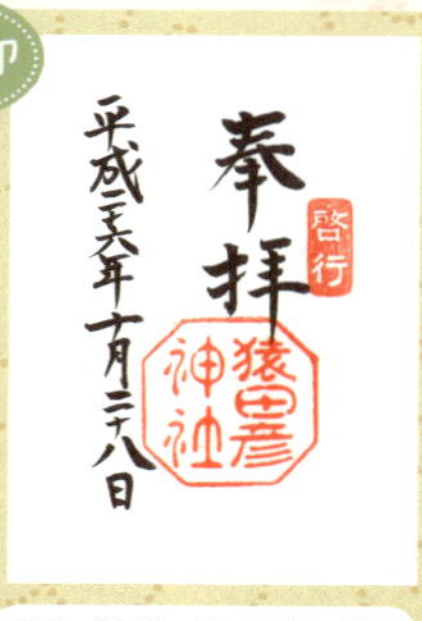

墨書/奉拝
印/啓行、猿田彦神社
●神社名を囲むのは、みちひらきの八角形

御朱印帳と御朱印袋

気品を感じる御朱印帳(1500円)と御朱印袋(1000円)はセットでほしくなる。”みちひらき”の文字入り

←八角形の方位石。“みちひらき”の御利益がいただけると参拝者が必ず触れるという

DATA
猿田彦神社
創建/不明
本殿様式/さだひこ造り
住所/三重県伊勢市宇治浦田 2-1-10
交通/三重交通バス「猿田彦神社前」よりすぐ
拝観時間/自由
拝観料/無料

↑石神さんは神明神社の参道にある小さな社。夢のような御利益が評判となり、全国から女性が押し寄せている。地元の海女さんたちは昔からここで毎日の無事を祈願してきた

女性の願いがひとつかないます!!

主祭神
玉依姫命《タマヨリヒメノミコト》

神明神社《しんめいじんじゃ》（石神さん）

伊勢市駅から電車とバスを乗り継ぎ、たどり着いたのは小さな港町。女性参拝者が続々と境内に吸い込まれていきます。目指すは海女さんたちの守り神、「石神社」、通称〝石神さん〟。女性なら願いがひとつかなうというのですから、気合いも高まるというもの。願いごとを書く用紙を前に、何と書こうかよ～く思案してから、祈りを込めて願い箱に入れました。海女さんの魔除けマーク「セーマン・ドーマン」が描かれた御朱印も女性パワーが全開!

御朱印

墨書／伊勢志摩、相差石神、女願成就、玉依姫命　印／石神社　●貝紫色の印が個性的

↑本真珠がついたコロンとかわいいストラップお守り（1000円）

↑海女さん手作りのお守りにも「セーマン（☆）・ドーマン（網目）」が（800円）

↑社殿の前に用意されている祈願用紙に願いごとをひとつ書いて「願い箱」に投入する。ひとつに絞り切れずに迷ってしまう～

DATA
神明神社
創建／不明
本殿様式／神明造一間社
住所／三重県鳥羽市相差町1385
交通／かもめバス「相差」より徒歩７分
拝観時間／自由
拝観料／無料

三重MAP

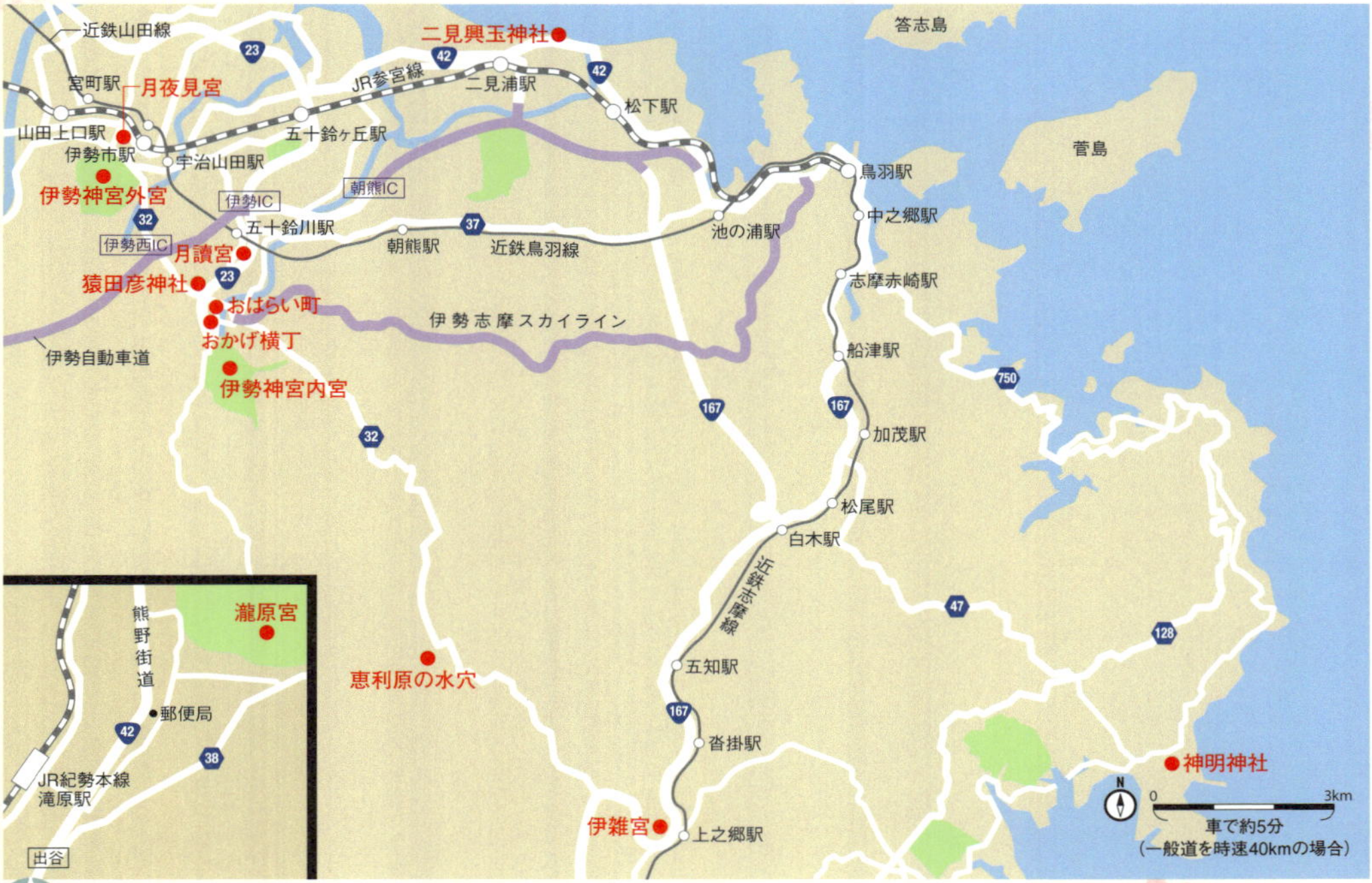

神様にお仕えする神聖な仕事

1日神主体験

神社でお祓いをしてくださるのが神主さん。お祓いのほかに神主さんはどんな仕事をしているのか、興味をもったら1日神主体験コースに参加してみましょう。神様や御朱印に対する理解も深まるはず。

千年以上の歴史を持つ稲毛神社で神主体験

神主体験ができるのは神奈川県川崎市の稲毛神社です。稲毛神社は境内に樹齢約千年と伝わる大イチョウの木が茂る由緒ある古社です。

「神主がどのような仕事をするのか、同時に神社についての正しい知識を持っていただきたくて体験を受け入れています」と神主さんは言います。参加者に目的を聞くと、「神社めぐりが好きで」とか「もっと神社を知りたいから」といった理由が少なくないそうです。

境内を清浄に保つ清掃は大切な仕事

借りた白衣と袴に着替えたら、まずは、きちんとした参拝の仕方を習います。そして御日供祭《おにっくさい》の見学。御日供祭は毎朝、神様に米・酒・塩などを供えて、国の繁栄などを祈る儀式です。その後に参加者の朝食。「この体験では、まずは神様の食事、次に私たちという優先順位を知ってほしいのです」。

次に神主さんに従い月次祭《つきなみさい》（※）を見学。間近で儀式が見学できるのは神主体験ならではです。玉串（※）の正式な作法も覚えられます。

境内の清掃も大事な仕事です。「浄明正直、常に清浄であれという意味ですが、神社はこの言葉を重視します。そのために清掃は欠かせません」。

神道の基礎知識を学び紙垂作りを実際に体験

清掃後は神道や神職に関する基礎知識を学びます。「難しい専門用語はわかりやすく噛み砕いてお話ししています」。また、紙垂《しで》という注連縄《しめなわ》などに垂らす紙片を作り、実際に鳥居の注連縄に下げる作業もします。最後に神主さんが年3回の大祭の時にしか着ない正装に着替え、記念撮影をして終了です。神主さんとの作業後のおしゃべりでは仕事の楽しみや苦労など、ここだけの話が聞けるかもしれませんよ！

見習い神主として紙垂作りのお手伝い

大祭の装束で記念撮影！

主な体験スケジュール

7:00	神社社務所集合
7:30	見学（御日供祭）
7:45	体験（境内見学、掃除など）
9:00	見学（月次祭）
9:30	体験（境内の掃除）
10:30	稲毛神社について、神社の基礎知識、神社・神道概論などの説明
12:00	昼食休憩
13:00	体験（紙垂作りのお手伝いなど。当日の作業によって変更があります）
14:00	大祭の正装に着替えて記念撮影
15:00	仕事体験終了！

コース名：仕事旅行「神主になる旅」
1日あたり受入可能人数：3名　性別制限：なし
所要時間：8時間
参加費用：1万800円（税込）
朝食・昼食：用意あり
※原則的に毎月1日・15日開催（祭事等により休止の場合あり）。

お問い合わせ／株式会社仕事旅行社
HP／www.shigoto-ryokou.com
体験先／稲毛神社
住所／神奈川県川崎市川崎区宮本町 7-7

※月次祭：毎月決まった日にちに行われる祭事。稲毛神社では、1・15日に行われ、氏子《うじこ》の穏やかな生活などを祈っている

※玉串：神職や参拝者が神前に捧げるもの。主に、榊《さかき》の枝で、杉の枝などを用いることもある

Part1 総合運

「いい恋も、仕事も、健康も大事！」

そんな欲張りな願いをかなえる御利益がある神社をご紹介。

開運パワーをがっつりチャージしましょ。

- 出羽三山神社（山形）
- 神田神社（東京）
- 日枝神社（東京）
- 箱根神社（神奈川）
- 嚴島神社（広島）
- 宇佐神宮（大分）
- 岩木山神社（青森）
- 日吉大社（滋賀）
- 氣比神宮（福井）
- 日光東照宮（栃木）
- 日光二荒山神社（栃木）

まだまだあります！

【総合運】神社の御朱印

主祭神

湯殿山神社
・大山祇命《オホヤマツミノミコト》
・大己貴命《オホナムチノミコト》
・少彦名命《スクナヒコナノミコト》

月山神社
・月読命《ツクヨミノミコト》

羽黒山（出羽神社）
・伊氏波神《イデハノカミ》
・稲倉魂命《ウカノミタマノミコト》

三山すべて参拝すれば運気アップ

山形 出羽三山神社《でわさんざんじんじゃ》

出羽三山とは羽黒山・月山・湯殿山の総称。
羽黒山頂には、三山の神様を祀る「三神合祭殿」があります。

出羽三山の各頂上また中腹には神社があり、総称して出羽三山神社といいます。三山は古来から修験者が滝に打たれるなど修行を行った聖地。山自体が持つパワーは強く、より強力な運気アップを願うなら三山すべてに登り、珍しい見開きの御朱印を頂きましょう。ただし、月山・湯殿山は、夏期は頂上で御朱印が頂けますが、冬期は閉山のため羽黒山で頂きます。

三神合祭殿（羽黒山）
月山と湯殿山は冬季閉鎖されるため、羽黒山には「三神合祭殿」が置かれています。冬季はここに参拝し、御朱印を頂きます。社殿は文政元（1818）年に再建されたもの。羽黒山独特の合祭殿造りともいわれる建築様式。国の重要文化財になっています

湯殿山神社
湯殿山は神の住む山とされ、湯殿山神社本宮では参拝には靴を脱ぎ、裸足になり、お祓いを受けてからでなくてはお参りできません。昔からここで見聞きしたことは口外・撮影禁止、そして土足厳禁とされる絶対的な聖地

月山神社
月山は標高1984ｍ。世界でも珍しいアスピーテ型火山。その頂上に本宮社殿があり、本宮で御朱印が頂けます。頂上には茶店もありランチも可。出羽三山をすべて登拝するならツアー参加がおすすめ

スニーカーに
バックパックなど
歩きやすい装備で
お参りして

DATA
湯殿山神社
開山／605年
住所／山形県鶴岡市多麦俣字六十里山7
交通／JR「鶴岡駅」から庄内交通バス湯殿山行きで終点下車
拝観時間／自由
拝観料／無料

DATA
月山神社
開山／593年
住所／山形県東田川郡庄内町立谷澤字本澤31
交通／JR「鶴岡駅」から庄内交通バス月山8合目行きで終点下車
※7/1～9/30までの運行
拝観時間／自由
拝観料／無料

DATA
三神合祭殿（羽黒山）
開山／593年
本殿様式／権現造
住所／山形県鶴岡市羽黒町手向字手向7
交通／JR「鶴岡駅」から庄内交通バス羽黒行きで終点下車
拝観時間／自由
拝観料／無料

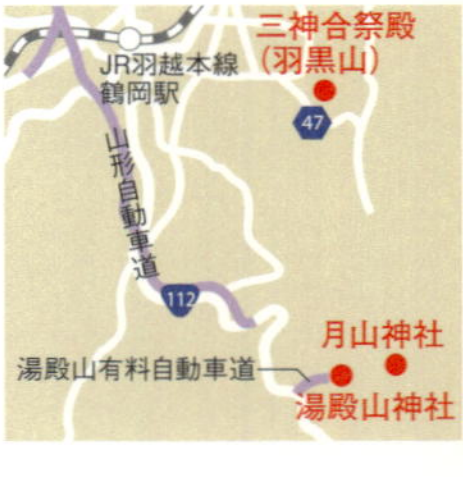
三神合祭殿
（羽黒山）
JR羽越本線
鶴岡駅
47
山形自動車道
112
月山神社
湯殿山有料自動車道
湯殿山神社

神社の方からのメッセージ

生まれ変わることができるとされています

出羽三山は、三山をお参りすることで生まれ変わることができるとされ、厳しい行が行われた地。三神合祭殿（羽黒山）をお参りするだけでも、大いなる自然に神聖な力を感じることができます

みんなのクチコミ!!

何をやってもなんだかモヤモヤする毎日でしたが、参拝後には霧が晴れたように感じました　（りん）

羽黒山の参道（石段）にある縁結びの神様・埴山《はにやま》姫神社《ひめじんじゃ》の御利益は絶大。小さいので見逃さないで　（ぽぽろん）

出羽三山神社御利益スポット

国宝五重塔

羽黒山境内に建つ五重塔は約600年前に再建されたという。高さは約30m、杮葺、三間五層の姿はとても優美。この五重塔付近にもかつては多くの寺院があったと思われますが、今は五重塔だけになってしまいました。東北地方最古の塔とされ、国宝に指定されています

墨書／霊峰、月山神社、本宮　印／東北総鎮守、月山頂上、出羽三山霊場　●頂上には神職が待機しており、見開きの大きな御朱印を書いていただけます

出羽三山神社授与品

湯殿山、月山、羽黒山の三山の名前が入った出羽三山神社の御朱印帳。見開きの御朱印が3枚続くとかなりの迫力なので、ぜひ三山に参拝を！（1000円）

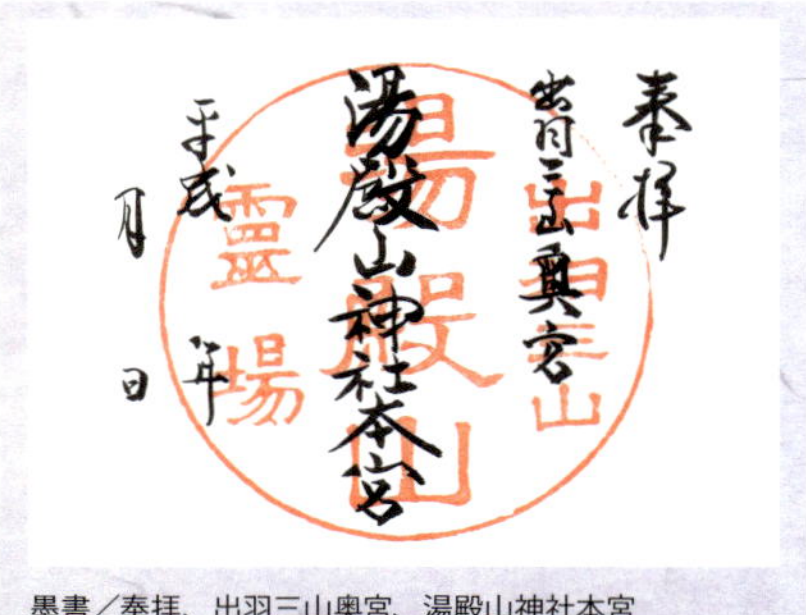

墨書／奉拝、出羽三山奥宮、湯殿山神社本宮　印／出羽三山、湯殿山、霊場　●温泉が湧く巨岩が御神体で今でも撮影は禁止されています

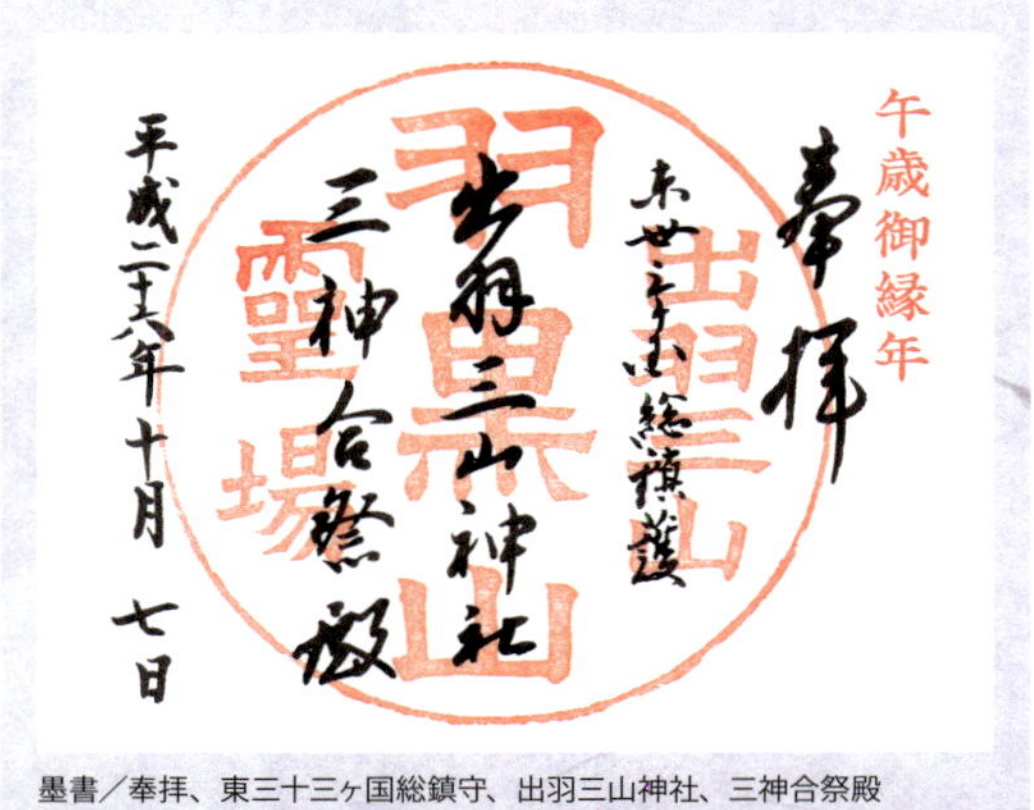

墨書／奉拝、東三十三ヶ国総鎮守、出羽三山神社、三神合祭殿　印／出羽三山、羽黒山、霊場　●「午年御縁年」が頂けるのは、その年の干支が午年のときだけです

三神合祭殿の前にある鏡池は古来、神霊が宿ると考えられてきました。また願いがかなうと言われ多くの銅鏡が奉納されました。銅鏡は、出羽三山博物館に展示されています

総合運

主祭神
・大己貴命《オオナムチノミコト》
・少彦名命《スクナヒコナノミコト》
・平将門命《タイラマサカドノミコト》

恋も仕事もあらゆる勝負に勝つ！　勝守が強い味方

東京 神田神社《かんだじんじゃ》

現在の地に遷座して徳川将軍により社殿が造営されて400年。
現在は神田、日本橋、秋葉原、大手町、丸の内の氏神様。

近代的なオフィスビルに囲まれた境内は明るく広々としています。御朱印を頂きに鳳凰殿に行くと60種類のお守りがずらり。ここで絶対に頂きたいのは「勝守」。競争に勝つだけでなく、良縁ゲット、キャリアアップ、受験とさまざまなチャレンジを成功に導いてくれる縁起のよいお守りです。境内では商売繁盛や出世運の御利益を授かりに来る、ビジネスマンの姿も多く見かけます。

鮮やかな朱と豪華な彫刻の随神門

外回りには「四神」（朱雀・白虎・青龍・玄武）、内側には「因幡の白ウサギ」など、大己貴命《オオナムチノミコト》の神話をモチーフにした彫刻が施されています

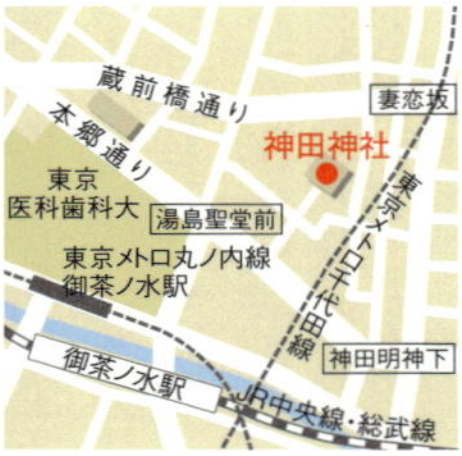

DATA
神田神社
創建／730年
本殿様式／入母屋造本瓦型銅板葺
住所／東京都千代田区外神田2-16-2
交通／JR・地下鉄「御茶ノ水駅」より徒歩5分、JR・地下鉄「秋葉原駅」より徒歩7分
拝観時間／自由
拝観料／無料

神社の方からのメッセージ

幸せをともに喜び合えるのが嬉しいです

縁結びの祈願に来られ、良縁に恵まれ婚約。当社で式を挙げることになり、相談にいらしているうちに担当の神職と親しくなったご夫婦がいます。その後も、お宮参り、七五三に参拝された折には顔を見せてくれ、ともに成長を喜びました

みんなのクチコミ!!

大鳥居そばの茶屋の甘酒を飲むと受験に合格すると言われているとか。参拝後に立ち寄ってみて（meme）

アニメの聖地にもなっています。ファンがいっぱい絵馬を奉納してますよ！（マドカ★）

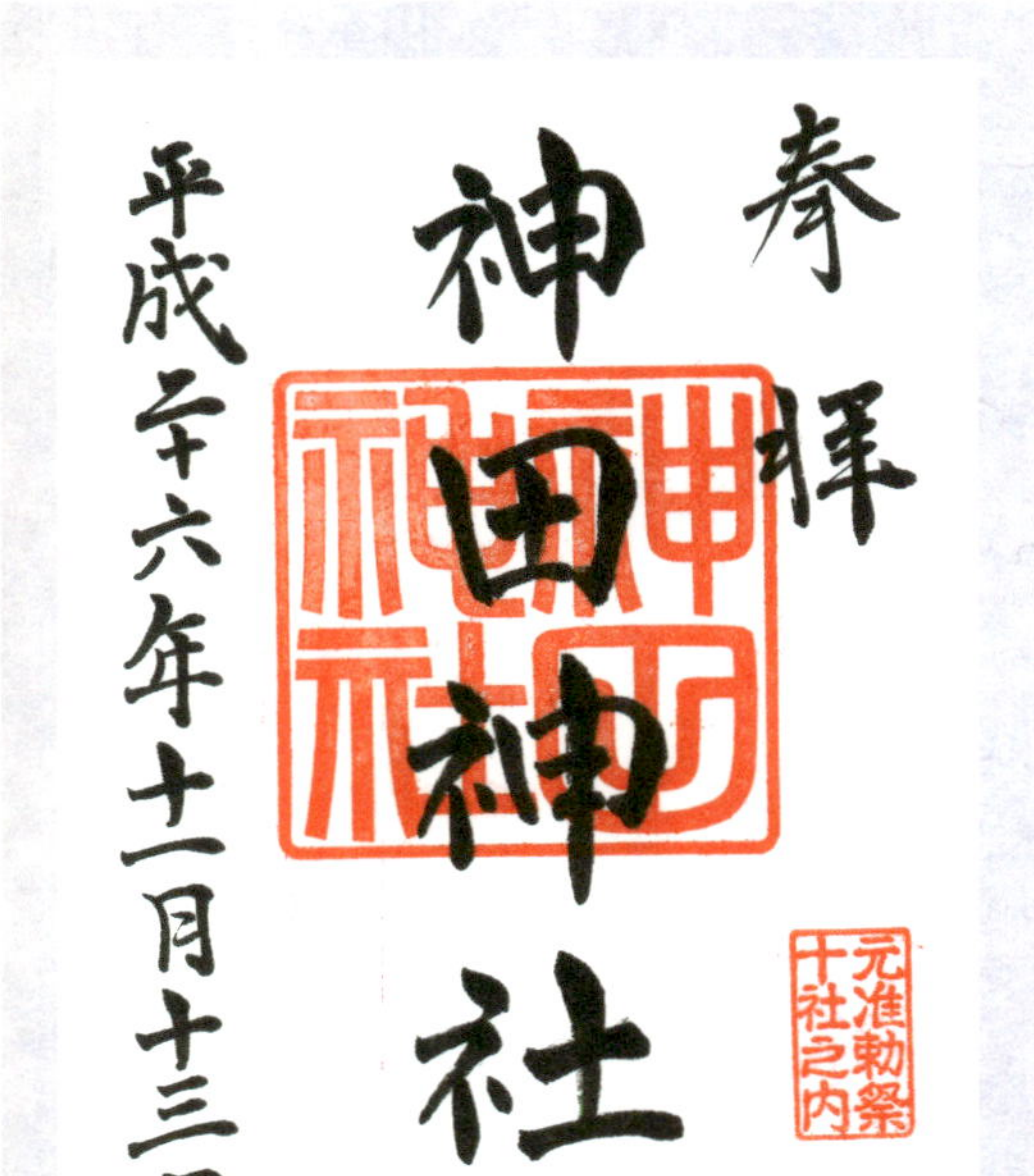

墨書／奉拝、神田神社　印／元准勅祭十社之内、神田神社
●「准勅祭社」とは明治期に定められた、皇居と東京の鎮護を祈る10社の神社。現在この制度は廃止されたため「元」が記されている

神田神社御利益スポット

左：石造りとしては日本一の大きさの大己貴命（だいこく様）像
右：大海を渡る少彦名命（えびす様）像。ダイナミックな波とイルカなどの海の生き物が印象的

1月4日、5日の
仕事始めの日は会社の
お参りで大混雑。
初詣より多いくらいで
ビックリ

神田神社授与品

鳳凰殿の鳳凰をあしらった「御朱印帳」（1000円）

これが「勝守」。勝負事はもちろん、商談成立、学業成就の強い見方!（500円）

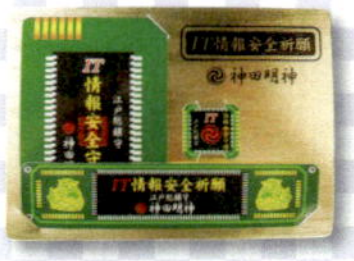

電気街・ビジネス街に近い神田神社ならではの「IT情報安全守護」（800円）

因幡の白ウサギ神話でウサギの願いをだいこく様が聞き届けてくださったことに由来する「おねがい兎守」（800円）

神田神社は下町の神社らしく、新しいことをやってみようという江戸っ子の気質があるとのこと。神社には珍しいガチャガチャがあります。なかにはだいこく様やえびす様のフィギュアが。制作は、あの海洋堂です

総合運

主祭神

大山咋神《オオヤマクイノカミ》

魔を除け、悪運を絶って、幸せを招いてくれる

東京 日《ひ》枝《え》神《じん》社《じゃ》

国会議事堂のほど近く、政治の中枢・永田町の高台に鎮座。
神の遣い“まさるさま”が見守っています。

境内には静かな気が流れ、まさに都会のオアシス。御朱印には「皇城之鎮」。首都をあらゆる災難から守るという意味です。それほど厄払いに強いパワーを持った神様です。徳川将軍家は正月や国家の大事には必ずここで祈祷を捧げたというほどあつく信仰されてきました。日枝神社の神様オオヤマクイノカミのお遣いは猿。「魔が去る」という意味をかけ、魔除け、悪運を絶ってくれるありがたいお遣いです。

山王信仰の象徴「山王鳥居」

合掌した手のような三角の破風（屋根）が特徴の「山王鳥居」。オオヤマクイノカミを祀ったお社に用いられています。日枝神社には男坂側、山王橋側、稲荷参道側の３ヵ所にあります

DATA
日枝神社
創建／1185～1200年
本殿様式／権現造
住所／東京都千代田区永田町2-10-5
交通／地下鉄「溜池山王駅」から徒歩3分、「国会議事堂前駅」「赤坂見附駅」から徒歩5分
参拝時間／4～9月5:00～18:00
10～3月6:00～17:00

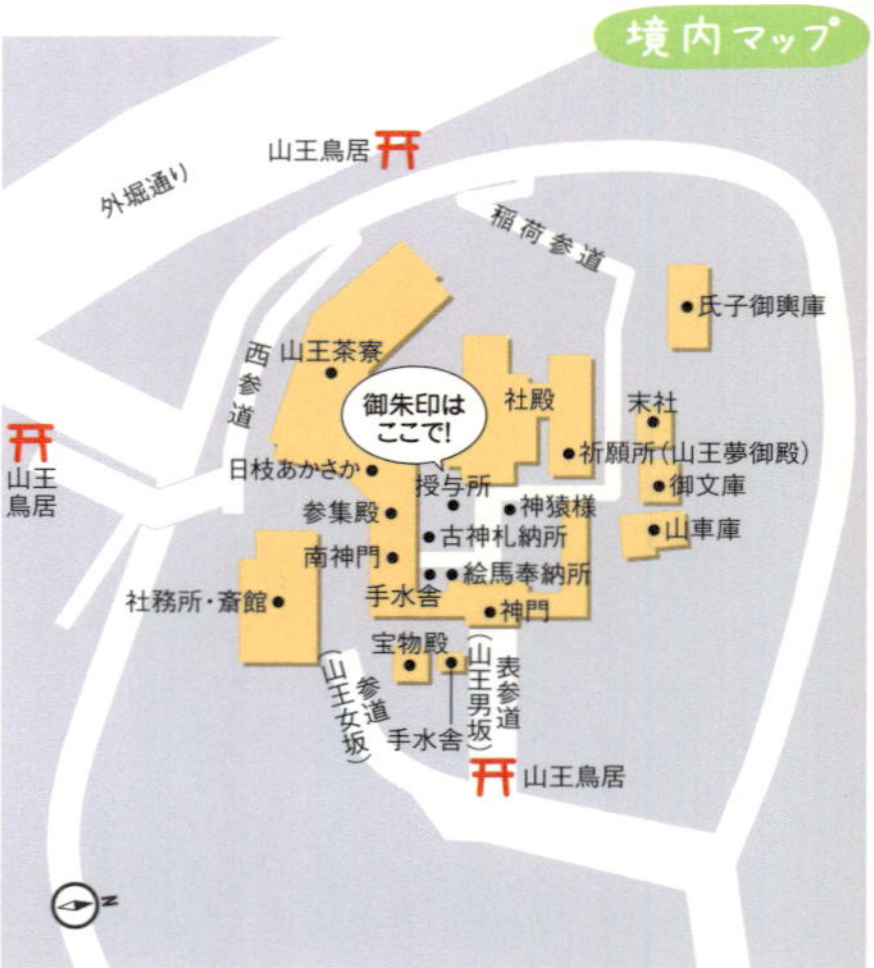

神社の方からのメッセージ

人生の節目節目でお参りください

良縁祈願、厄除け、安産祈願、そしてお宮参りと親の代からのお付き合いになっている方もいらっしゃいます。御祭神は万物の成長を育んでくださる神様。御神徳は広大です。人生の節目節目でお参りをしていただきたいと思っています

みんなのクチコミ!!

外堀通りに面する「山王鳥居」から参拝すると、よりパワーがもらえるらしいです　(えん)

参道にエスカレータがあるので便利。境内はとても神聖な雰囲気でした　(江戸川)

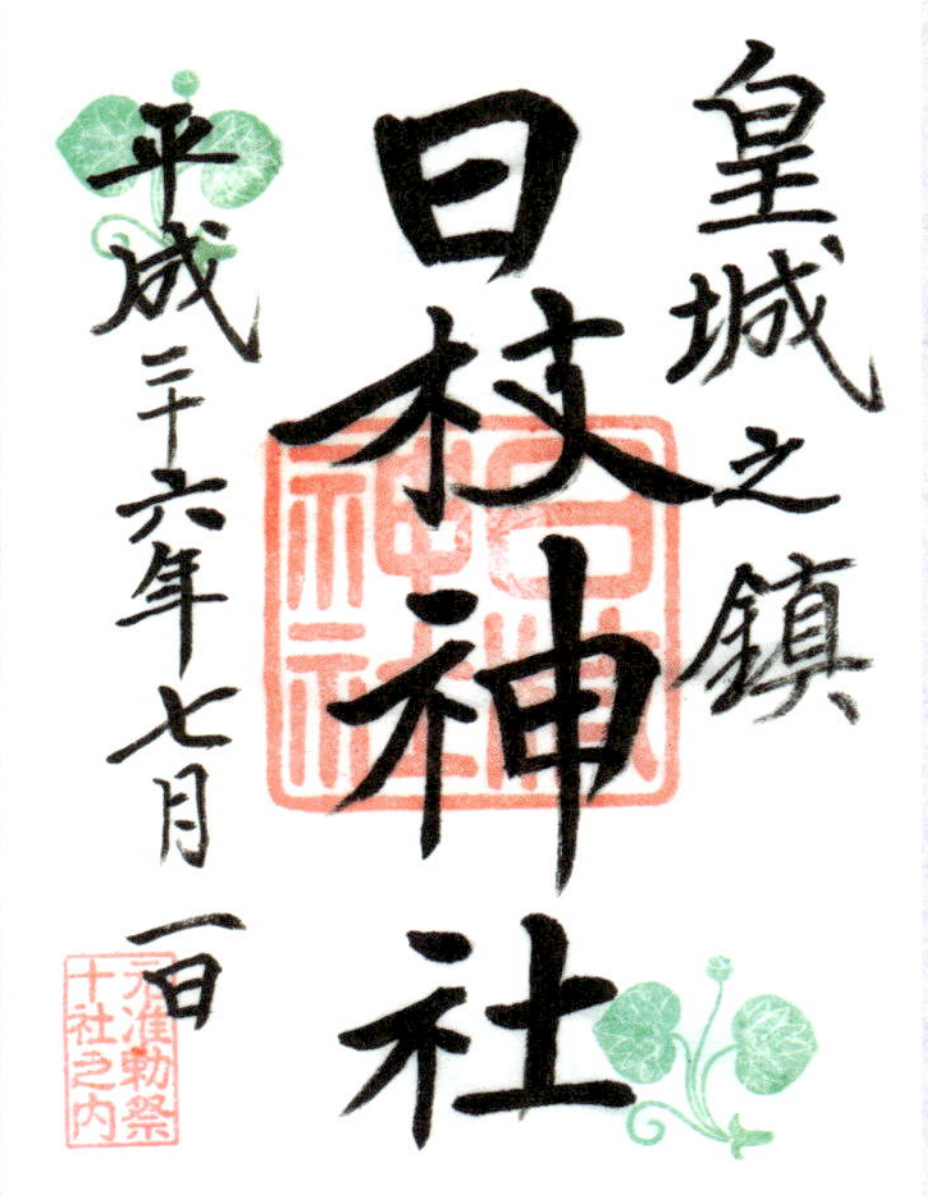

墨書／皇城之鎮、日枝神社　印／日枝神社、元准勅祭十社之内
神紋／丸に二葉葵　●「皇城之鎮」と書いて「こうじょうのしずめ」と読みます。皇城とは皇居、東京のことを指します

日枝神社御利益スポット

夫婦円満に御利益「神猿様」

社殿の両脇には狛犬ではなく、子猿を抱いた母猿と、父猿が鎮座。「猿」の音読み「えん」が「縁」に通じることから、夫婦円満、殖産繁栄の神として信仰を集めています

日枝神社授与品

神紋である丸に二葉葵の柄で、カラフルな色展開のオリジナル御朱印帳。お猿さんがついたものもキュートです（1000円）

「御神札まさる守り」(400円)。「魔去る」「勝」＝「まさる」を祈願したお守り。ころんとしたフォルムに思わずニッコリ

日枝神社の神事

山王祭《さんのうまつり》

江戸三大祭りとして名高い「山王祭」。毎年6月7日～17日まで行われ、本祭の年のみ行われる神幸祭では300mにも及ぶ行列が都心をねり歩きます。祭り期間中のみ授与される参拝記念ストラップもあります。

山王祭の限定ストラップはまさるのイラスト入り

日枝神社は皇居から裏鬼門にあたる南西の方角にあり、その方角を守るお社だとか

総合運

主祭神

箱根大神《ハコネノオオカミ》

未来を拓くパワーを開運の神様からいただく

神奈川 箱《はこ》根《ね》神《じん》社《じゃ》

箱根は関東における山岳信仰の一大霊場。
数々の武将も必勝祈願した、森厳なる自然に抱かれた名社です。

源頼朝や徳川家康など多くの武将たちがあつく信仰し、現在でも政治家や財界人の参拝が数多い関東総鎮守のお社です。箱根神社の神様は自然そのもの。特にパワーが強大なのは老杉の大木が並木となって続く参道です。ゆっくり杉を眺めながら、力をいただき、本殿に参拝したら、右側の九頭龍神社新宮へ向います。鳥居の前には龍神水舎があり、御霊水「龍神水」が湧いています。龍神水は口に含むと芦ノ湖の守護神・九頭龍大神のパワーで運が開けるのだとか。ぜひ、いただいて帰りましょう。

縁起のいい紅白のうどんを味わって

境内にある茶屋「権現からめもち」で食べられる「俺のうどん赤」(850円)は、赤いお出汁に白いうどんで紅白の縁起物です。赤いお出汁の秘密は特製の辛くないラー油。参拝後の新定番になりそう！

DATA

箱根神社

創建／757年
本殿様式／権現造
住所／神奈川県足柄下郡箱根町元箱根80－1
交通／東海道線・小田急小田原線「小田原駅」下車、箱根町行きバスで60分、元箱根バス停下車 徒歩10分
拝観時間／自由
駐車場開門 7:00～17:00（通年）
拝観料／宝物殿 大人500円 小人300円
団体割引25名以上
神門開門 5:00～18:00（4月～11月）
6:00～17:00（12月～3月）

神社の方からのメッセージ

すばらしい自然にも力が宿っています

芦ノ湖畔の平和の鳥居から社殿に向かう参道の樹齢6～800年を超える老杉並木、社殿の背後に広がる県天然記念物ヒメシャラの純林、霊峰・富士を映す眼下の芦ノ湖など、すばらしい自然からも力をいただける「自然に抱かれた神社」です

みんなのクチコミ!!

親友と出かけた箱根女子旅で九頭龍神社に足を運びました。毎月13日の月次祭に重なり、大変な賑わいで、ご縁に感謝しつつ箱根神社へ。親友が良縁に恵まれることができました
(cygnusrubis)

墨書／奉拝　印／箱根神社
●印に墨書がかからないような珍しい配置、印の文字はシンプルかつスタイリッシュ。箱根の木の部分が人のようで躍動感がある

箱根神社御利益スポット

芦ノ湖の鳥居と富士山は箱根のシンボル

箱根神社から石段参道を下りていくと赤い平和の鳥居があります。鳥居は昭和27（1952）年の建立。鳥居から湖に向ってお参りすると恋愛と美のパワーをもらえると女性に人気です。

九頭龍神社新宮と龍神水舎

箱根神社の境内にある九頭龍神社新宮は縁結びで名高い九頭龍大神をお祀りしています。9つの龍の口から流れる「龍神水」は不浄を清め、よいものを引き寄せる御利益があるといわれています。お守所では霊水を汲んで帰る参拝者用にペットボトルを授与しています

「なで小槌」の御利益も見逃せません

箱根神社にある隠れた開運スポットが「なで小槌」。3回なでながら願いごとを唱え、小槌御守（下記）を授かると、願いがかなうそうです

箱根神社授与品

社殿を描いた御神印帳（1300円）。授与当日の神印を記帳していただけます

「小槌御守」（500円）は「運が出る」「福が出る」という開運招福のお守り

「権現からめもち」はスイーツも好評。九頭龍ぜんざいは龍の姿のソフトクリームがついてきます

総合運

主祭神

・市杵島姫命《イチキシマヒメノミコト》

・田心姫命《タゴリヒメノミコト》

・湍津姫命《タキツヒメノミコト》

まるで竜宮城のような美しさ。芸能上達をお願いしましょう！

広島 嚴《いつく》島《しま》神《じん》社《じゃ》

平成８（1996）年、世界遺産に。平安朝の寝殿造りの様式を伝える美しい名社には３女神が祀られています。

海に立つ大鳥居で有名な厳島神社。社殿には平清盛が伝えた舞楽を行う高舞台や、国内で唯一の、海上の能舞台があります。祀られているイチキシマヒメノミコトは芸能に関わる信仰も集めてきた神様。毎年夏には海に船を浮かべ、船上で管絃を演奏しながら海上渡御する管絃祭が行われます。御祭神にあやかり、音楽やダンス、趣味など芸能上達をお願いするとご利益を授かるといわれています。

延々と続く朱色の回廊

本社を中心にして東西にのびる回廊。幅４m、長さは約275mもあります。潮が高い時などに波のエネルギーを減免・消波する構造になっています

DATA

嚴島神社

創建／593年

本殿様式／両流造檜皮葺

住所／広島県廿日市市宮島町1-1

交通／宮島口フェリーターミナルよりフェリーで約10分

昇殿時間／1/1～1/3　状況により変更

1/4～2/28・10/15～11/30　6:30～17:30

3/1～10/14　6:30～18:00

12/1～12/31　6:30～17:00

昇殿料／大人　300円　高校生　200円

中・小学生　100円

境内マップ

境内写真提供：広島県

神社の方からのメッセージ

三女神はがんばる女性に力を与えてくれます

御朱印の印は、神紋の三つ亀甲剣花菱です。亀甲紋はとてもおめでたい紋。当社にお祀りしている三女神は家内安全、商業繁栄、開運厄除け、芸能上達などの御利益を授かることができ、がんばる女性を応援してくれます

みんなのクチコミ!!

干潮のときに砂浜を歩いて鳥居の真下まで行けます。夜のライトアップはとても幻想的です　（マープル）

宮島の裏側にある聖なる山・弥山も開運スポットが多く、おすすめ　（かき）

墨書／奉拝、嚴島神社　印／三つ亀甲剣花菱、嚴島御社印
●下の印は嚴（右上）、島（右下）、御（左上）、社（左下）、印（真ん中）と読むそう！

嚴島神社御利益スポット

海面にそびえる大鳥居

朱塗りの大鳥居は、奈良の大仏とほぼ同じ高さの 16 m。昔の参拝方法にならって、満潮時には遊覧船で、潮が引いている時には歩いてくぐることができます

島そのものが神様

古くから島全体が神として信仰され、居住禁止だった宮島。嚴島神社が海にせり出すかたちで建てられたのも陸地に建造するのは畏れ多いから。心も体も浄化されてゆくような海と自然に守られた霊場です

嚴島神社授与品

神が宿る霊山としてあがめられてきた宮島の聖地・弥山の緑、さわやかな海のブルーに鳥居と社殿の朱色が美しい御朱印帳（1000 円）

嚴島弁財天の琵琶のかたちに由来するという杓子（200 円）。この杓子でご飯をいただくと御神徳により福運があるそうです

参拝の時に鳴らしたり、巫女さんが神楽舞の時に使用したりと神社でよく目にする鈴。鈴の音には払いの力と神様をお招きするというふたつの力があるといわれています

総合運

主祭神

・八幡大神《ハチマンオオカミ》

・比売大神《ヒメオオカミ》

・神功皇后《ジングウコウゴウ》

八幡様の総本宮には究極のパワースポットあり！

大分 宇佐神宮《うさじんぐう》

全国に４万社ある八幡様の総本宮。

「勝ち」を授けてくれる神様として全国から参拝者が訪れます。

八幡様の総本宮・豊前国の一ノ宮として格式を誇っています。なんと境内には誰にも見られずに参拝すれば、一生に一度だけ願いをかなえてくれるという「願掛け地蔵」があります。何をやってもダメっていうときには迷わず直行です！　上宮祈祷殿前の大楠は有名グループのメンバーが奉拝後、一気にブレイクしたといわれている御神木。幹に両手をかざせば、パワーがいただけます。

楠木大木もパワースポット

推定樹齢は800年以上。幹周りは約５ｍあり、国の天然記念物。周りには柵があるので、手を伸ばしてパワーをいただいて！

DATA

宇佐神宮

創建／725年

本殿様式／八幡造

住所／大分県宇佐市大字南宇佐2859

交通／JR日豊本線「宇佐駅」下車後、バスで四日市・中津方面「宇佐八幡」下車

拝観時間／4～9月　5:30～21:00

10～3月　6:00～21:00

※正月期間中を除く

拝観料／無料

神社の方からのメッセージ

神様と皆様をつなぐためのお手伝いを

宇佐神宮のお守りはオリジナルで、お祀りしている神様の由緒にちなむ授与品となっています。私たち神職は、神様とご参拝される皆様をつなぐ者として気持ちのよいお参りをしていただけるような雰囲気づくりを心掛けています

みんなのクチコミ!!

境内はとにかく広い。普段、運動不足の私は筋肉痛になりました（ゆっこ）

境内は緑がいっぱい。建物の朱色が凄く映えます（アカ）

墨書／奉拝、宇佐神宮　印／八幡総本宮、宇佐神宮
●右上の印は全国の八幡様の総本宮の証！　神々しい！

宇佐神宮御利益スポット

一生に一度の願掛けスポット

２体の地蔵尊が願いをかなえてくれるといわれます。表参道から、弥勒寺跡《みろくじあと》の奥に行くと粟島神社。そのそば、うっそうとした樹木に囲まれて立つ２体の地蔵尊が願掛け地蔵です

縁結びには夫婦石

上宮へ上る石段の途中にあるのが夫婦石。シングルが踏めば、良縁に恵まれ、カップルならますます絆が強く、夫婦なら末長く仲よく円満に過ごせるとされています

宇佐神宮授与品

御祭神を織り込んだお守り（800円）。厄除け、病気平癒、身体健康、交通安全に御利益あり

御朱印帳（1000円）の表紙は華麗な行列ができる御神幸祭の様子を織り込んでいる

宇佐神宮の参拝方法は珍しい「二拝四拍手一拝」です。２回90度の角度でお辞儀をし、４回拍手、最後に90度のお辞儀をします

総合運

主祭神

・顕國魂神《ウツシクニタマノカミ》　・大山祇神《オオヤマツミノカミ》
・多都比姫神《タツヒヒメノカミ》　・坂上刈田麿命《サカノウエノカリタマロノミコト》
・宇賀能賣神《ウガノメノカミ》

地元で人気のデートスポット。良縁や金運の御利益続々

青森　岩木山神社《いわきやまじんじゃ》

「お岩木さま」「お山」と呼ばれ、津軽の人々が初詣や厄除けなどに訪れる開運招福の神社です。

津軽地方のシンボル岩木山が御神体です。神社の参道が岩木山への登山道。ですから山のパワーが境内に満ちているというわけ。境内は老杉の木立に囲まれ、御神水の清流が流れ、清々しい空気に満ちています。地元では縁結びの御利益で有名。楼門前の玉垣に隠れている狛犬は、待ち受けにすると恋愛や金運にいいとか。上手に隠れているので見落とさないでください。

神社の方からのメッセージ

お岩木山に日々感謝を捧げています

神職一同、明るく、元気でさわやかに！をモットーにして、参拝者の皆様と応対しています。そしてお岩木山の恵みに感謝を捧げる日々を過ごしています

墨書／北門鎮護　印／岩木山神社

● 1200 年以上にわたり北方を守ってきた誇りや力強さを感じます

授与品

お守りはカードタイプ。だから、お財布に入れてもかさばらない（500 円）

DATA

岩木山神社

創建／ 780 年
本殿様式／三間社流造
住所／青森県弘前市百沢字寺沢 27
交通／ JR「弘前駅」から弘南バスで岩木山神社バス停下車徒歩すぐ
拝観時間／自由
拝観料／無料

岩木山は標高 1625 mの火山です。青森県の最高峰でその姿から津軽富士とも呼ばれています

災難除けなら、神猿《まさる》さんにお願い！

滋賀 日吉大社《ひよしたいしゃ》

比叡山の麓に鎮座。魔除けの象徴「神猿さん」がさまざまなトラブルから守ってくれます。

主祭神

・大己貴神《オオナムチノカミ》
・大山咋神《オオヤマクイノカミ》

神社の方からのメッセージ

日本屈指の霊場で気持ちよくご参拝ください

日本屈指の霊場である比叡山に鎮座する神社として、日々皆さんが気持ちよく参拝できる環境づくりを心掛けています

災難除け、厄除けならここ。平安京を魔から守ってきたという、強力パワーを発揮してくれます。神様のお遣いとして大切にされているのが、「魔が去る」「勝る」に通じるとして名付けられたお猿さん「神猿さん」。御朱印、お守り、おみくじに登場し、パワー全開です。全国に3800あまりある日吉・日枝・山王神社の総本宮で豊臣秀吉、徳川家康もあがめたそうです。

墨書／山王総本宮、日吉大社　印／神猿の印、日吉大社
●こちらは日吉大社西本宮の御朱印ですが、東本宮の御朱印には別タイプの神猿の印を押していただけます

御朱印帳

日吉大社の本社、摂社、末社のうち7社の社紋が入ったかわいいピンクの御朱印帳（1200円）

DATA
日吉大社
創建／崇神天皇7年
本殿様式／日吉造
住所／滋賀県大津市坂本5-1-1
交通／JR「比叡山坂本駅」から徒歩20分、京阪石山本線「坂本駅」から徒歩10分
拝観時間／9:00～16:30
拝観料／300円

神社では神猿さんをモチーフにした神猿みくじやお守り、神猿土鈴、一刀彫が人気です

主祭神

- 伊奢沙別命《イザサワケノミコト》
- 仲哀天皇《チュウアイテンノウ》
- 神功皇后《ジングウコウゴウ》
- 応神天皇《オウジンテンノウ》
- 日本武尊《ヤマトタケルノミコト》
- 玉姫命《タマヒメノミコト》
- 武内宿禰命《タケノウチノスクネノミコト》

どんなお願いもドンとこい！ 御利益の総合デパート

福井 氣《け》比《ひ》神《じん》宮《ぐう》

文武天皇大宝２(702) 年建立の古社。北陸道の総鎮守と称される越前一ノ宮は、幅広い御神徳であがめられています。

神社の方からのメッセージ

参拝者のお願いごとはさまざま

縁結び、災難除け、長寿祈願と参拝者のお願いごとはさまざまです。古い社や芭蕉の句碑があるので、歴史や俳句などを趣味とする方もいらっしゃいます

出迎えてくれるのは、日本三大鳥居とされる高さ約11メートルの朱塗りの大鳥居。御祭神は神様オールスターズともいえる7神様。だから、五穀豊穣から健康、家内安全、縁結び、何をお願いしても大丈夫。特に食べ物に強いので衣食住にまつわるお願いや健康運をお願いして。境内に湧き出る御神水「長命水」は、ひと口飲めば健康に過ごせると言われます。

墨書／奉拝、氣比神宮　印／越前之國一宮、氣比神宮　●石川県や福井県の北部も含むほど広かったという越前の風格を表す御朱印

御朱印帳

紺地に気比の松原と大鳥居が織り込まれた御朱印帳。紋は左から三つ巴、十六八重菊、五七桐（1300円・御朱印料込）

DATA

氣比神宮

創建／文武天皇大宝２（702）年
本殿様式／流造
住所／福井県敦賀市曙町 11-68
交通／ JR「敦賀駅」から徒歩15分
拝観時間／ 6:00 ～ 17:00
拝観料／無料

氣比神宮の鳥居は日本三大木造鳥居のひとつ。あとふたつは春日大社、嚴島神社

主祭神

東照大権現《トウショウダイゴンゲン》

絢爛豪華！ 徳川家康にあやかって出世運をゲット

栃木 日《にっ》光《こう》東《とう》照《しょう》宮《ぐう》

「見ざる・聞かざる・言わざる」などの彫刻でも有名。
徳川幕府初代将軍にあやかって運気アップ間違いなし。

神社の方からのメッセージ

平和を願う気持ちを感じてください

社殿に施された彫刻には、その一つひとつに信仰や思想、平和の祈願などが表されています。全国から集められた名工の魂がこもった彫刻です。ゆっくり鑑賞して、名工たちの想いを感じてください

徳川家康を東照大権現として祀っています。家康は織田信長や豊臣秀吉の部下として長年働き、最後には天下を治める将軍となった人物です。そんな家康の出世にあやかり、仕事運の向上をお願いしましょう。漆や極彩色が施された見事な社殿をゆっくり拝観したら、歩き疲れても引き返さないで。必ず境内奥宮の御宝塔まで進んでください。ここはパワーが一段と強いとされているからです。塔のそばに立つ樹齢800年の叶杉はその名のとおり、幹にぽっかり開いた穴にむかって祈願をすればがいがかなうというスポットです。

奥宮の御朱印

墨書／奉拝、東照宮奥宮
印／徳川家の葵紋の印、日光東照宮 ●徳川家の「葵の紋」は正式には「三つ葉葵紋」といいます

本社の御朱印

墨書／奉拝、日光東照宮
印／徳川家の葵紋の印、日光東照宮 ●境内の薬師堂では「鳴龍」の御朱印もいただけます

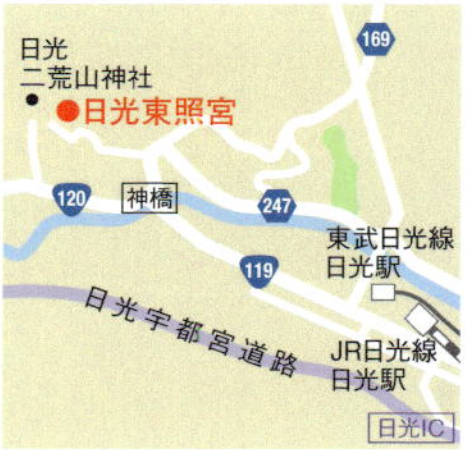

DATA
日光東照宮
創建／1617年
住所／栃木県日光市山内2301
交通／JR・東武「日光駅」から東武バス10分、西参道バス停下車
拝観時間／8:00～17:00
（11～3月は～16:00）
拝観料／1300円

日光東照宮は江戸時代の僧侶であり風水師でもあった天海が設計したといわれます

総合運

御祭神

二荒山大神《フタラヤマノオオカミ》

日光の氏神様で恋愛＆金運アップ

栃木 日《にっ》光《こう》二《ふ》荒《たら》山《さん》神《じん》社《じゃ》

古くから下野国一ノ宮として信仰を集める、日光で最古の神社。
神橋や神苑などパワーあふれる見どころもたくさん。

大谷川に架かる朱塗りの「神橋」は境内への入口。神様のお遣いが架けたという神聖な橋です。お願いするのは恋愛運と金運。ここで必ず行くべきなのは有料エリアの神苑です。入苑したら、金運祈願なら大国殿へ、恋愛運強化なら朋友神社へ行きましょう。願いごとを書いて結び付ける「縁結びの笹」と「御神木」も縁結び祈願には欠かせません。運気の定着には二荒霊泉に手を触れましょう。

上／神橋　右／神橋で頂ける御朱印

神秘的な伝説のある神橋

背景とのコントラストが美しい朱塗りの橋は、勝道上人という僧侶を向こう岸に渡すため、神様のお遣いである２匹の大蛇が橋になったという伝説があります。奈良時代からあるとか。全長 28 m、国の重要文化財

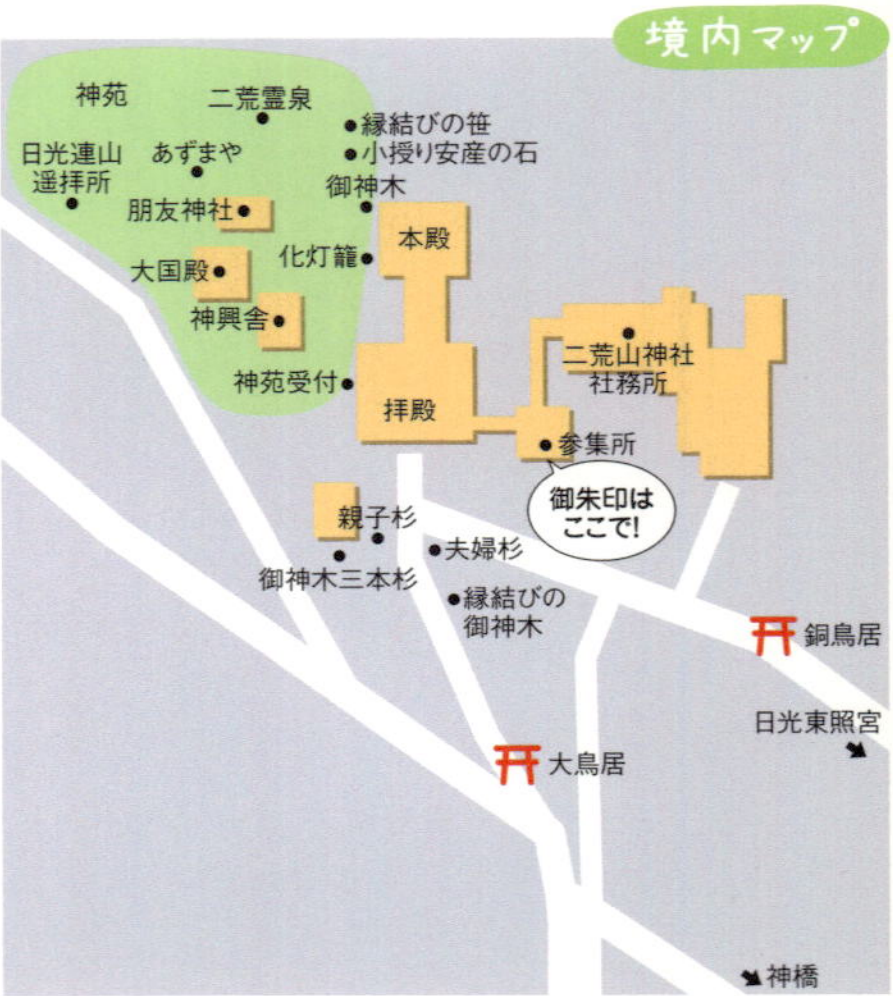

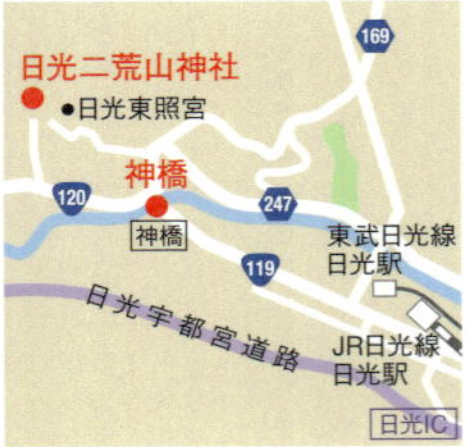

DATA

日光二荒山神社

創建／ 782 年
本殿様式／八棟造
住所／栃木県日光市山内 2307
交通／ JR・東武「日光駅」からバスで大猷院二荒山神社前下車徒歩すぐ
拝観時間／ 8:00 ～ 17:00
(11 ～ 3 月は 9:00 ～ 16:00)
拝観料／無料

神社の方からのメッセージ

神様とのご縁を結びにいらしてください

大神様と参拝者との「なかとりもち」として日々奉仕しております。世界遺産に登録されている建造物が厳かな佇まいをあらわす広々とした境内と共に、御神徳も広大です

みんなのクチコミ!!

縁結びの御利益を授かりました。神苑の「縁結びの笹」に、当時付き合っていた彼と結婚できるように書いて結んだところ、数ヵ月後に結婚が決まりました。雰囲気もよくたくさんのパワーを得られる場所です　(あさみくん)

日光東照宮と日光二荒山神社を結ぶ道はパワーが強いと評判　(こづちさん)

墨書／奉拝、二荒山神社　印／三つ巴の社紋、日光山總鎮守下野国一之宮二荒山神社、だいこく様の持つ小槌の印　●小槌は、打つとほしいものが出てくる不思議な力を持つだいこく様のシンボル的アイテムです

日光二荒山神社御利益スポット

御利益さまざま二荒霊泉

霊泉は眼病に効果があり、智恵を授け、美容の御利益を授かると伝わります。霊泉の脇にはあずまやがあり、霊泉を使用した抹茶や甘酒が頂けます

日光二荒山神社授与品

「良い縁結ぶ守」(1000円)は知る人ぞ知る聖地で二荒山神社の別宮である滝尾神社にある「縁結びの笹」にちなんだお守

「日光美人愛情御守」(1000円)はいつまでも心身ともに美しくいられるようにとのお守。帯の結び方になっています

社紋である三つ巴と雲を織り込んだ御朱印帳(1500円)。シックな雰囲気の色合いです

珍しい杉材の御朱印帳(1500円)です。裏表紙には日光二荒山神社と焼印が押してあります

日光二荒山神社の神事

弥生祭《やよいまつり》

毎年4月中旬には日光に春を告げる弥生祭が開催されます。祭りの期間は5日間。最大の見どころは最終日に行われる神輿渡御。華やかな花家体(はなやたい)がお囃子とともに日光市内を練り歩きます。

いろは坂を上がって中禅寺湖畔に位置する二荒山神社中宮祠に行くと、境内には金運の守護神・黄金の大蛇像があります

まだまだ
あります!

総合運 神社の御朱印

シンプルながらも力強さを感じる御朱印。欲張ってたくさんの御利益を祈っても、どーんと受け止めていただけそう。

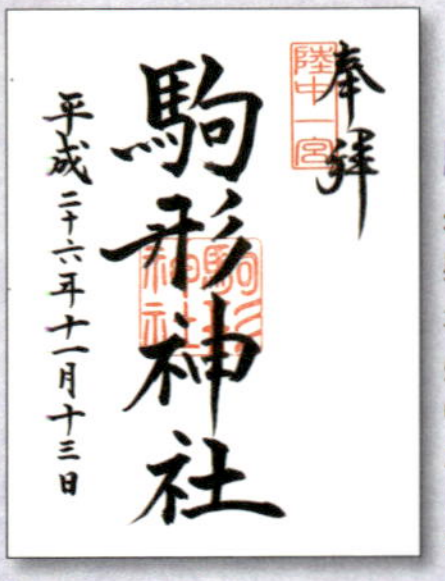

駒形神社《こまがたじんじゃ》

岩手
奥州市水沢区中上野町 1-83

平安時代に東北地方を治めていた奥州藤原氏も崇拝していた神社。「陸中一宮」の印にも格式高さがうかがえます。六柱の神様を「駒形大神」として祀っており、強いパワーでさまざまな御利益を授かれそう。

志波彦神社《しわひこじんじゃ》・鹽竈神社《しおがまじんじゃ》

宮城
塩竈市一森山 1-1

塩釜の小高い丘「一森山」の地に志波彦神社・鹽竈神社の両社をお祀りしており、御朱印も帳面の見開きに2社の印を並べて押しています。鹽竈神社の「うまくいく御守」は何事もうまくいくという御利益があります。

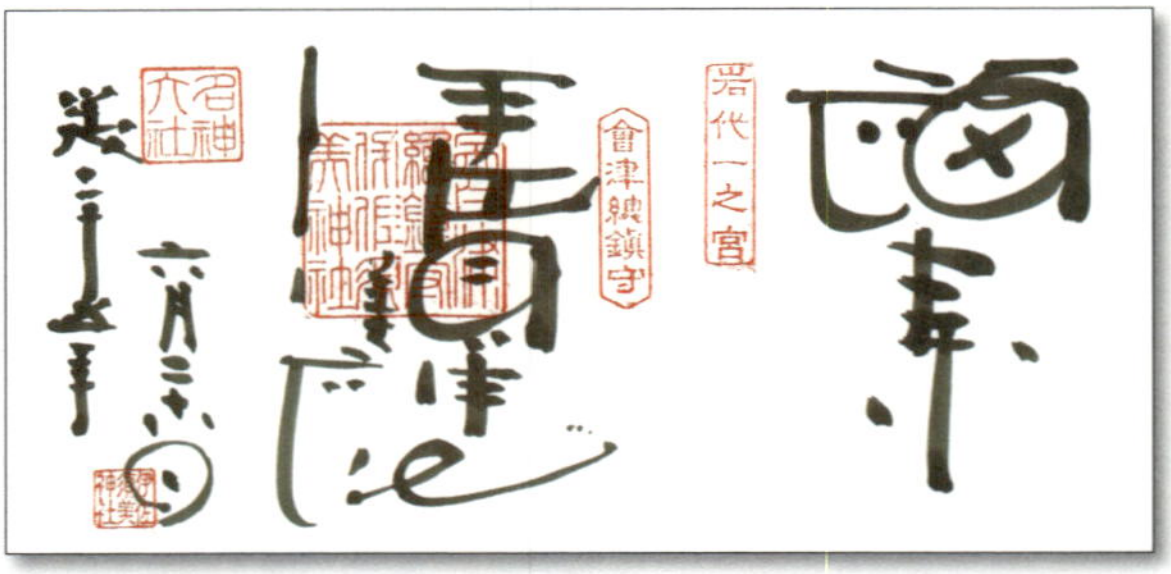

伊佐須美神社《いさすみじんじゃ》

福島
大沼郡会津美里町字宮林甲 4377

強運、延寿縁結、交通安全の御利益を授かる岩代国の一ノ宮にして会津総鎮守。こちらのオリジナル御朱印帳を頂くと、3ページにわたる御朱印を頂けます。丸みのある文字は円満をイメージしているそう。

大神山神社《おおがみやまじんじゃ》

鳥取
米子市尾高 1025

中国地方屈指の霊峰にあり、パワースポット好きに有名な神社。産業、農業、畜産業の発展や医薬療法などの御利益を授かれます。御朱印に押された神社名の印は、少し丸みを帯びた篆刻であたたかさを感じます。

赤間神宮《あかまじんぐう》

山口
下関市阿弥陀寺町 4-1

御朱印には菊紋の小さな印が押されおり、神社にお祀りされている安徳天皇が源平合戦・最後の舞台「壇ノ浦」で幼くして亡くなったことをしのばせます。神社には『耳無し芳一』の伝説も残されているそうです。

大山祇神社《おおやまづみじんじゃ》

愛媛
今治市大三島町宮浦 3327

祭神の大山積神(オホヤマツミノカミ)は、本来は山の神とされますが、瀬戸内海の島にあるこの神社では、海の神としても信仰されてきました。御朱印の印にある「日本総鎮守」の称号を平安時代に朝廷から受けた、由緒ある神社です。

海神神社《かいじんじんじゃ》

長崎
対馬市峰町木坂 247

御朱印にもあるように対馬の一ノ宮。海の神の娘、豊玉姫神(トヨタマヒメノミコト)を祀っています。神職の方が常駐されておらず、常に御朱印を頂けるわけではありません。それだけに、頂けた時の喜びもひとしおです。

Part2 縁結び

神様の縁結びパワーを感じて、
運気も気持ちもアップ！
すてきな出会いをぐいぐい引き寄せましょう。

- 京都恋愛運up御朱印めぐりコース
  上賀茂神社／下鴨神社／今宮神社
  平安神宮／貴船神社
- 川越氷川神社（埼玉）
- 東京大神宮（東京）
- 江島神社（神奈川）
- 春日大社（奈良）
- 今戸神社（東京）
- 明治神宮（東京）
- 結神社（岐阜）
- 伊豆山神社（静岡）
- 椿大神社（三重）

まだまだあります！
【縁結び】神社の御朱印

京都恋愛運up 御朱印めぐりコース

古都の風情あふれる街にたくさんの神社が点在する京都。
数ある中でも、恋愛の御利益がいただける神社がコチラ。
はんなりめぐって、ステキな恋の成就を目指しましょう!

まずは、世界遺産の古社、上賀茂神社・下鴨神社へ。上賀茂神社の縁結びの御利益は紫式部のお墨付き。下鴨神社の森では、縁結びの強い力で、不思議な神木が代々生まれているのだとか。

玉の輿を願うなら、まっ先に訪れたいのが今宮神社。八百屋の娘ながら将軍の生母までのぼりつめた桂昌院ゆかりの神社です。結婚式の会場として人気の平安神宮では幸せなゴールインをイメージして。

あらゆる良縁を結んでくれると伝わる貴船神社は、生気が宿るといわれる地に鎮座。恋するパワーもいただけます。

縁結びにまつわる由緒話を楽しみながら、恋の神社をめぐって赤い糸をガッチリ引き寄せましょう!

恋愛運up♥京都 御朱印めぐりMAP

編集部が選んだ、縁結びに絶大なパワーをもつ京都の神社をご紹介! 事前に位置をチェックして、たくさんの神社をまわれるよう、ぬかりなく計画を。

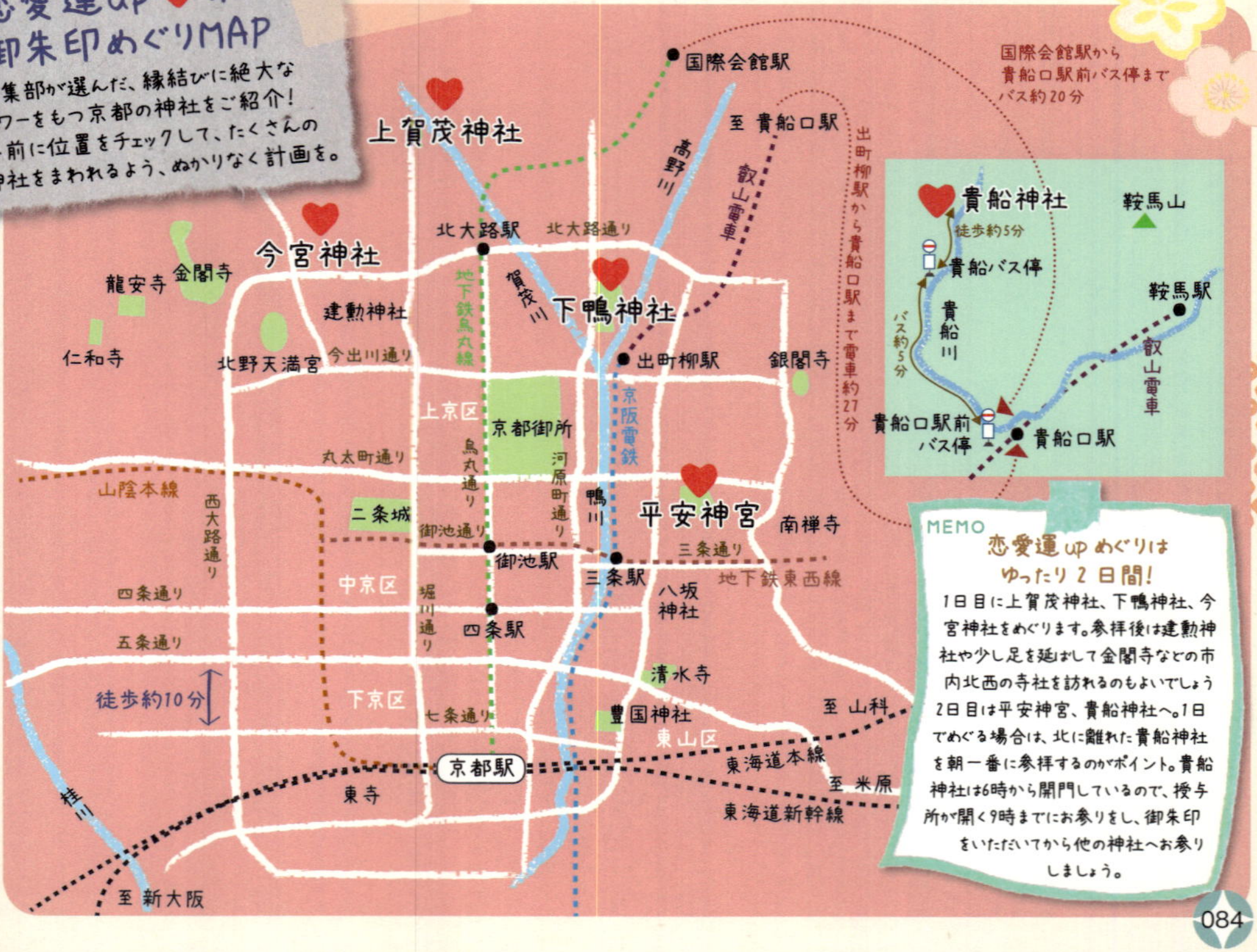

MEMO

恋愛運upめぐりはゆったり2日間!

1日目に上賀茂神社、下鴨神社、今宮神社をめぐります。参拝後は建勲神社や少し足を延ばして金閣寺などの市内北西の寺社を訪れるのもよいでしょう。2日目は平安神宮、貴船神社へ。1日でめぐる場合は、北に離れた貴船神社を朝一番に参拝するのがポイント。貴船神社は6時から開門しているので、授与所が開く9時までにお参りをし、御朱印をいただいてから他の神社へお参りしましょう。

上《かみ》賀《が》茂《も》神《じん》社《じゃ》

1300年以上も恋愛成就をかなえてきた
京都最古の神社の縁結びパワーは絶大!

御朱印に書いてある賀《か》茂《も》別《わけ》雷《いかづち》神《じん》社《じゃ》が正式名称。国宝の本殿と権殿を含む境内全体が世界遺産に登録されています。縁結びの神様といわれる賀《カ》茂《モ》玉《タマ》依《ヨリ》比《ヒ》売《メ》を祀る「片岡社」は、紫式部が恋愛成就を祈った社。神紋である葵の形の絵馬には「葵＝逢う日」の意味があるそう。

立砂
二の鳥居をくぐると正面にある「立砂」。御祭神である賀《カ》茂別雷大神《モワケイカヅチノオオカミ》が降臨したとされる神山を模したもの。頂に立てられた松の葉は左右で陰と陽の一対になっている

上賀茂神社 恋愛運upのまわり方はコレ!

片岡社
「片岡社」は必訪の恋愛御利益スポット。新古今和歌集には、ここで恋の成就を祈った紫式部の歌が残されている。それにあやかり源氏物語の押絵がある絵馬がたくさん吊るされている

縁結絵馬
この絵馬（500円）はハート型ではなく神紋の葵の葉を象っているのだそう。日本屈指のラブストーリーのような、燃えるような恋ができるかも!?

楼門
片岡社近くの片岡橋を渡ってすぐの楼門は国指定の重要文化財。鮮やかな朱塗りが周囲に映え、風格がある。この中に本殿や権殿があります

お馬みくじ
馬がおみくじをくわえたキュートな「お馬みくじ」（500円）。日本における乗馬・競馬発祥の地といわれている由縁から

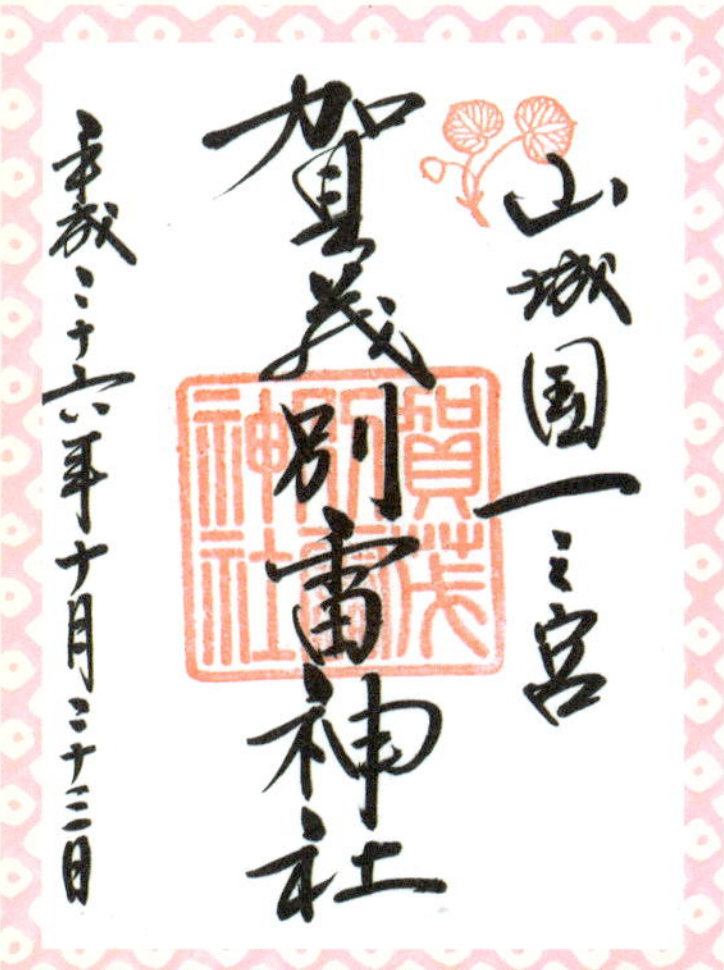

墨書／山城国一之宮、加茂別雷神社　印／二葉葵、賀茂別雷神社　●神紋の双葉葵がかわいいアクセントに

立砂が描かれた御朱印帳（1000円）と朱色が華やかな御朱印帳袋（1500円）

あふひ香守
厄除けの香り付き。甘く上品な香りに癒やされます（1000円）

DATA

上賀茂神社
創建／不明
本殿様式／三間社流造
住所／京都府京都市北区上賀茂本山 339
交通／ JR「京都駅」から市バス 4 系統「上賀茂神社前」下車すぐ
拝観時間／二の鳥居内 5:30 ～ 17:00
楼門内　4 ～ 10 月 8:00 ～ 17:00
11 ～ 3 月 8:30 ～ 17:00
拝観料／無料（特別参拝 500 円）

下《しも》鴨《がも》神《じん》社《じゃ》

糺《ただす》の森と呼ばれる原生林に鎮座。正式名称は賀《か》茂《も》御《み》祖《おや》神《じん》社《じゃ》。東西の両本殿が共に国宝に指定される世界遺産です。「相生社《あいおいのやしろ》」とその隣に祀られる「連理《れんり》の賢木《さかき》」は縁結びの御利益あらたかとして大人気のスポット。東本殿に子授けの神様、玉依媛命《タマヨリヒメノミコト》が祀られているのも心強い。

森に包まれた境内には縁結びパワーがモリモリ
セカンドステップ「安産」までしっかり応援してくれます

♥下鴨神社♥
恋愛運upのまわり方はコレ!

楼門
糺の森を抜けると、重要文化財の楼門へ。1628（寛永5）年に建て替えられたもので、森の緑と朱色のコントラストが美しい

糺の森
広大な敷地に樹齢200～600年の樹木が茂る都のオアシス「糺の森」。川のせせらぎを聞きながらひと休みするのも気持ちがよい

相生社
良縁を願う女子が列をつくる「相生社」。御祭神は神皇産霊神《カムムスビノカミ》で、名前にある「産霊（むすび）」とは「命を産む」という意味。そこから男女の「むすび」、つまり縁結びを象徴する神様と考えられている

連理の賢木
相生社のすぐ隣にある「連理の賢木」。2本の木が途中から1本になる不思議な神木で、年をとって枯れると糺の森のどこかに跡継ぎの木が生まれるというから、縁結びパワーの強さはハンパじゃない！　現在4代目

墨書／山城國一之宮、賀茂御祖神社
印／双葉葵の社紋の印、賀茂御祖神社
●こちらの双葉葵は緑色でカラフル

双葉葵の神紋が入った御朱印帳
（900円）と御朱印帳袋（2000円）

媛守《ひめまもり》
ちりめんを使っていて
一つひとつ柄が違う
（800円）

DATA

下鴨神社
創建／不明
本殿様式／流造
住所／京都府京都市左京区下鴨泉川町 59
交通／ JR「京都駅」から市バス 4 番・205 番「下鴨神社前（または糺ノ森前）」下車
拝観時間／ 6:30 ～ 17:00
拝観料／無料

今《いま》宮《みや》神《じん》社《じゃ》

玉の輿のルーツ"お玉さん"にあやかりシンデレラストーリーをかなえる！

3面開きの御朱印が書かれた印台紙（1500円）は御朱印帳として使えます。お玉さんが八百屋の娘だったことから京野菜の絵が

本社

社殿の造営などに尽力したのが5代将軍徳川綱吉の生母・桂昌院《けいしょういん》（お玉）。八百屋の娘だったお玉さんが徳川家光に見初められ側室（桂昌院）となったシンデレラストーリーにちなんで「玉の輿神社」として名高い

墨書／奉拝、今宮神社　印／風流傘の印、桜の中に「鎮花」の印、紫野今宮　●花傘が華やかな2面開きの御朱印は初穂料500円

玉の輿お守

西陣織の野菜柄がカラフルに（800円）

DATA

今宮神社
創祀／ 994 年
本殿様式／三間社流造
住所／京都府京都市北区紫野今宮町 21
交通／ JR「京都駅」から市バス 205・206 番「船岡山」下車徒歩 7 分
拝観時間／自由（社務所 9:00 ～ 17:00）
拝観料／無料

平《へい》安《あん》神《じん》宮《ぐう》

数多くの結婚式が行われた、ご縁の気が凝縮した恋愛パワーのチャージスポット

墨書／奉拝、平安神宮　印／平安神宮
●スキッとシンプルな御朱印

大極殿

平安遷都1100年を記念し、1895（明治28）年に創建。社殿は平安京の当時の建築を8分の5サイズで再現。結婚式も多く執り行っており、たくさんのご縁を結んできた神社でもあります

神苑

約1万坪の広さを誇る神苑では、四季折々の自然が造り出す風光明媚な趣を楽しみながら、自分の心とゆっくり向き合ってみては

DATA

平安神宮
創建／ 1895 年
本殿様式／七間社流造
住所／京都府京都市左京区岡崎西天王町 97
交通／地下鉄東西線「東山駅」下車徒歩 10 分
拝観時間／ 9:00 ～ 17:00　境内 6:00 ～ 17:00
庭園 8:50 ～ 16:30 ※いずれも季節により変動
拝観料／無料（神苑大人 600 円、子供 300 円）

縁むすび守

十二単をイメージさせる雅なお守り（800円）

平安京の四方を守護する四獣神が描かれた御朱印帳（1200円）

貴《き》船《ふね》神《じん》社《じゃ》

愛を取り戻せ！ 恋に生きた平安の女流歌人と夫を元サヤに戻した復活愛の力をもつ神社

全国に約450社ある貴船神社の総本宮。水の供給を司る高龗神《タカオカミノカミ》を祀り、万物のエネルギーが生まれる根源「氣生根《きふね》」の地ともいわれ、生氣が宿ります。三つの社殿があり、本宮・奥宮・結社の順で参拝する三社詣が古くからの習わし。結社には良縁を授けてくださると信仰される磐長姫命《イワナガヒメノミコト》が祀られており、夫との不仲に悩んでいた和泉式部が切ない心を歌に託して復縁祈願したという話が残っています。

参道の石段
朱塗りの灯籠が並ぶ参道の石段は風情がたっぷり。マイナスイオンを含んだ空気が心地よく、深呼吸したくなる

貴船神社 恋愛運upのまわり方はコレ！

本宮
流造の本殿。主祭神である水の神様、タカオカミノカミを祀り、運気アップの御利益があるとされています。三社詣はまずここからスタート

神馬像
貴船神社において馬の絵を描いた木の板を奉納したのが絵馬の原形といわれる（500円）

結び文
願いごとを書いて結社に結び納める「結び文」。境内の細長い葉を結んで良縁を祈願したという、昔の習わしを模したもの

水占い
水の神様をお祀りする貴船神社ならではの「水占みくじ」。本宮前に湧き出る神水におみくじを浮かべると文字が浮かび上がってくる。文字が出てくるまで待つ間のドキドキ感が楽しい（200円）

DATA

貴船神社
創建／不明
本殿様式／一間社流造銅板葺
住所／京都府京都市左京区鞍馬貴船町180
交通／叡山電鉄鞍馬線「貴船口駅」から京都バス33系統「貴船」下車徒歩5分
拝観時間／5/1～11/30　6:00～20:00
12/1～4/30　6:00～18:00
（授与所受付 9:00 ～ 16:30）
拝観料／無料

奥宮

元々のご鎮座地。創建の地というだけあって、空気がひんやりとしていて、神聖なパワーを感じる。祀られているのは本宮と同じくタカオカミノカミ

本宮をお参りしたら、結社を目指しましょう!

本宮から結社·奥宮へと続く参道で見つけた縁起のいい標識♡

結社

三社詣の最後が、古くより縁結びの社として知られる「結社」。和泉式部が参拝し、不和となった夫との復縁が成就したとして有名。男女の縁に限らず、あらゆる良縁を結んでくださる

相生の大杉

結社と奥宮の間にある御神木「相生の大杉」。同じ根から生えた、樹齢千年という2本の杉の大木が寄り添っている。仲睦まじい老夫婦に例えて、相生には「相老」の意味も

「貴船川を飛ぶホタルが自分の魂みたい」と切ない心情を表現

和泉式部歌碑

和泉式部がお参りした際に詠んだ歌「物思へば沢の蛍も我が身よりあくがれいづるたまかとぞ見る」と碑に刻んである

天の磐船

貴船の山奥から出土した船形の自然石。1996(平成8)年に奉納された。イワナガヒメノミコトの御料船とされている

墨書/水神、貴船神社　印/双葉葵の印、貴船神社、貴船菊の印　●双葉葵&貴船菊がかわいい!

桜の柄と淡いピンクが上品な御朱印帳。菊柄のものもある(1000円)

むすび守

お殿様バージョンもあり(1000円)

水まもり

御祭神の水神がモチーフ(1000円)

他にも家族円満
などの御利益が……

主祭神

- 素戔嗚尊《スサノオノミコト》
- 手摩乳命《テナヅチノミコト》
- 奇稲田姫命《クシイナダヒメノミコト》
- 大己貴命《オオナムチノミコト》
- 脚摩乳命《アシナヅチノミコト》

恋愛成就の必勝アイテム多数あり！

埼玉 川《かわ》越《ごえ》氷《ひ》川《かわ》神《じん》社《じゃ》

川越の総鎮守には全国から良縁成就を願う女性が訪れます。
マストの授与品もいっぱい。

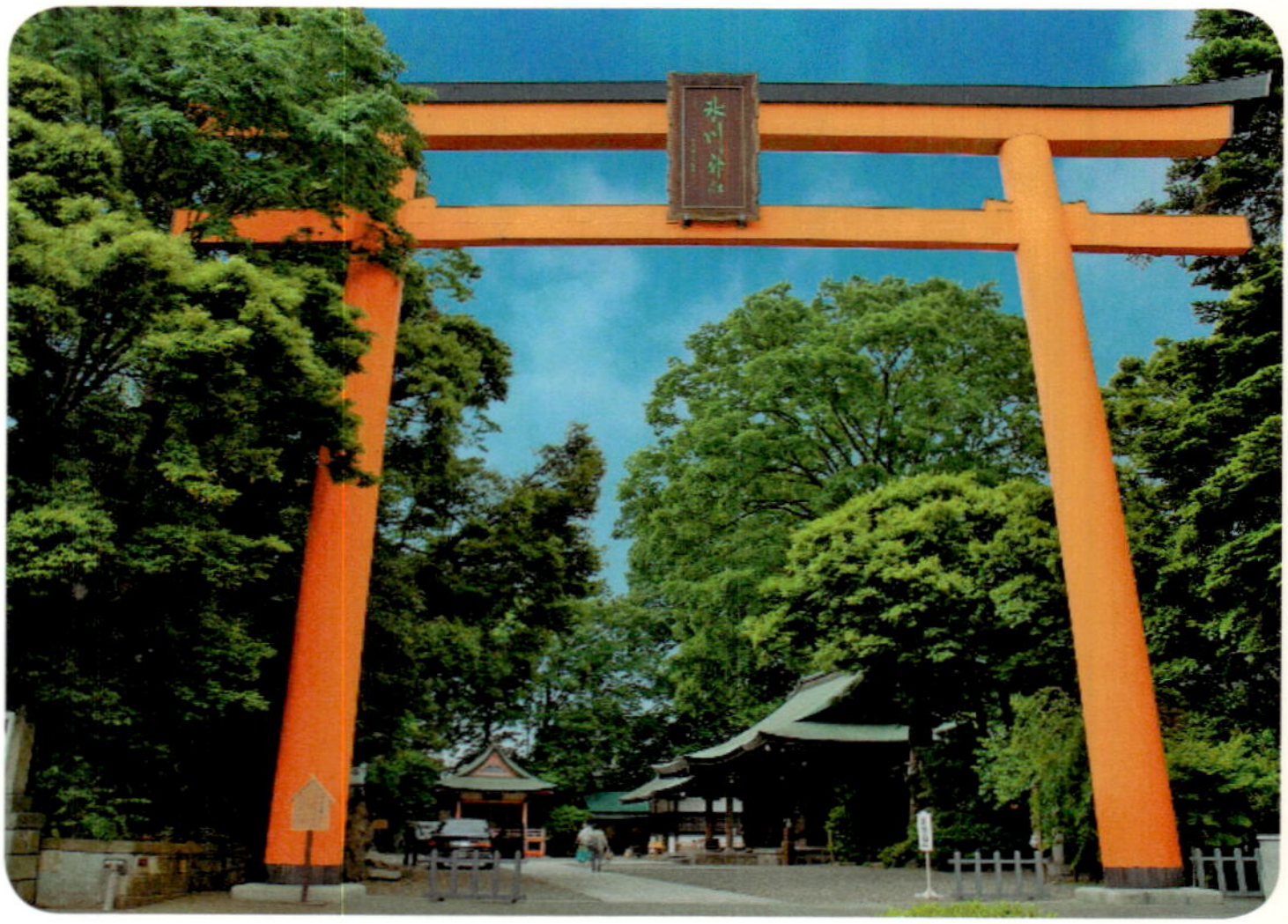

「赤い糸はきっとあります。運命の人は必ず待っています」。良縁祈願の女子に神社から力強いメッセージ！ 川越氷川神社には、恋人との絆をさらに深める「よりそい守」、新たな出会いを応援する「であいこい守」などなど、恋に効くお守りがとにかく豊富。なかでも人気のお守り「縁結び玉」は、毎朝8時からいただけますが、数量限定なので注意。願いがかない、お礼に石を返しに来るカップルがあとを絶たないそう。

効果絶大「縁結び玉」

境内の玉砂利を持ち帰ると良縁に恵まれるという言い伝えから誕生したお守り。身を清めた巫女さんが拾い集めた小石を麻の網に包み、毎朝神職がお祓いしたもの。数量限定で毎朝８時からいただけますが、いつも行列ができています

DATA

川越氷川神社

創建／欽明天皇２年（古墳時代）
本殿様式／入母屋造
住所／埼玉県川越市宮下町 2-11
交通／ JR・東武東上線「川越駅」または西武新宿線「本川越駅」から東武バス「喜多町」下車徒歩５分
拝観時間／自由
拝観料／無料

神社の方からのメッセージ

毎月２回、良縁祈願祭を行っています

気持ちよくお参りいただけるよう、常に境内をきれいにするように心掛けています。毎月８日と第４土曜日の月２回、午前８時８分より良縁祈願祭を執り行っておりますので、ぜひご参加ください

みんなのクチコミ!!

長年同棲してた彼にフラれて、参拝に。それまで男友達もいなかったのに、どんどん出会う機会が増えて、１年後の誕生日には彼氏ができました！ (nya ☆)

隣の「むすび café」で縁結び玉そっくりなお菓子が売っています。しゅわっと口の中でとけておいしい！ (Buono)

墨書／奉拝、川越總鎮守、氷川神社　印／雲菱の社紋の印、川越總鎮守氷川神社乃印、川越氷川神社之印

●"奉拝"の所に注目！　菱型の中に雲が描かれた雲菱の社紋がかわいい！

川越氷川神社縁結びスポット

周りをめぐるとパワーがもらえる

本殿脇のケヤキは樹齢600年と推定される御神木。２本のケヤキが寄り添うように並んでいるので夫婦のよう。周囲をめぐれるように石段が組んであるので８の字を描くように歩いてみて！

絵馬トンネルに絵馬を奉納

本殿に向かって左側に続くのは絵馬トンネル。絵馬の絵は仲良しの馬が顔を寄せ合っています。3万枚を超える絵馬が奉納されているといいます

さらに強力なご縁を求めるなら良縁祈願祭へ

縁起のよい末広がりにちなみ、毎月８日と第４土曜日の月２回、午前８時８分から、神前で御祈祷が受けられる良縁祈願祭を行っています。参列希望者は７時50分までに社務所で受付をすませます

川越氷川神社授与品

御朱印帳(1000円)はクリーム色の地に可憐な花々。縁結びの神社にふさわしい、華やかで優しい色彩です

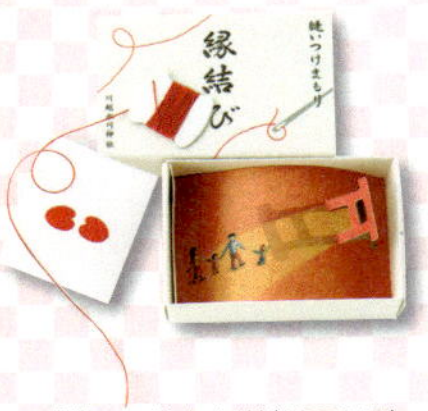

「縫いつけまもり」(1000円)は小さな布のお守りと赤い糸がセット。針で洋服やハンカチなどに縫いつけます

主祭神は三世代家族。テナヅチとアシナヅチはクシイナダの両親。クシイナダとスサノオと結婚して生まれたのがオオナムチ。オオナムチは大国主（オオクニヌシ）の別名のひとつです

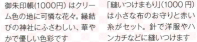

縁結び

主祭神

・天照皇大神《アマテラススメオオカミ》

・豊受大神《トヨウケノオオカミ》

他にも
厄除開運
家内安全
などの御利益が……

東京でお伊勢参りがかなう

東京　東京《とうきょう》大《だい》神《じん》宮《ぐう》

伊勢神宮の遥拝殿として創建されたことから
“東京のお伊勢様” ともいわれます。

参拝する女性の行列はもう名物です。東京大神宮は伊勢神宮と同じ神様を祀り、東京から遥か彼方の伊勢神宮を拝める遥拝殿《ようはいでん》として創建されました。ほかに「結び」の働きをつかさどる神様をあわせて祀ることから、縁結びの神社として有名です。かわいい和紙人形がついた「恋みくじ」はよく当たると評判です。参拝は比較的、混雑が少ない午前中がおすすめ。御朱印は神職や巫女が心を込めて書いてくださいます。

参拝者にはお菓子やお茶がふるまわれます

1月を除く土・日・祝日（9時～なくなり次第終了）には境内でお茶とお菓子がふるまわれます。ほっとくつろいでもらいたいという神社の優しい心遣いです

境内マップ

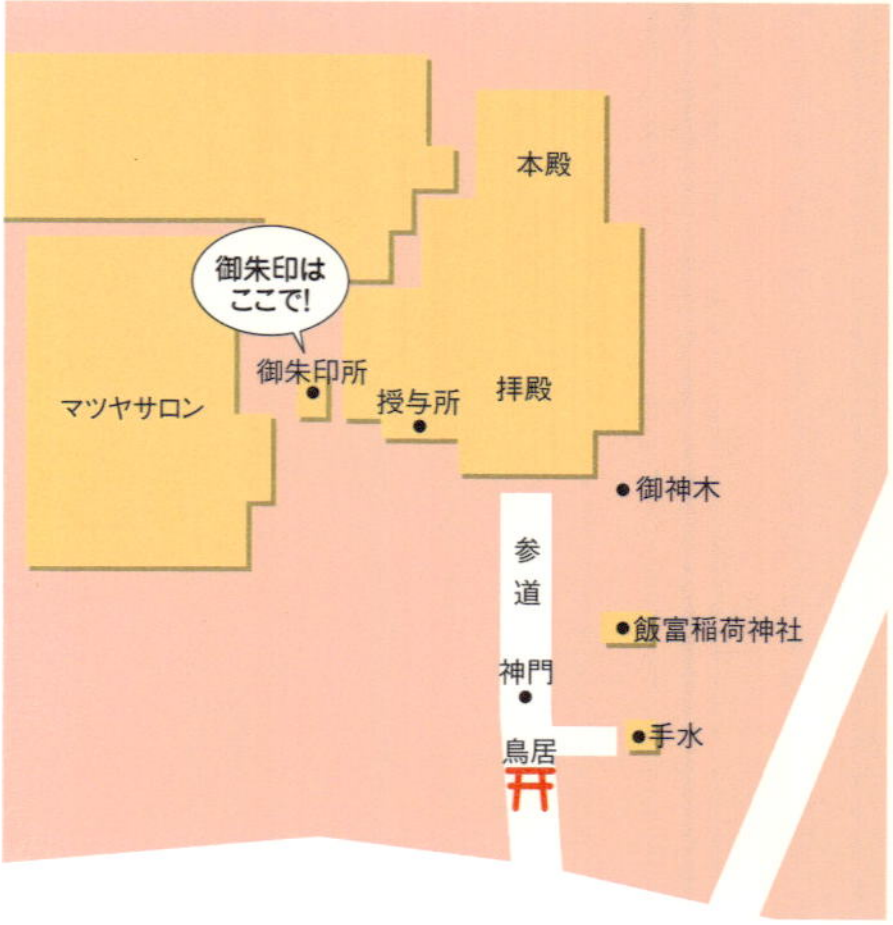

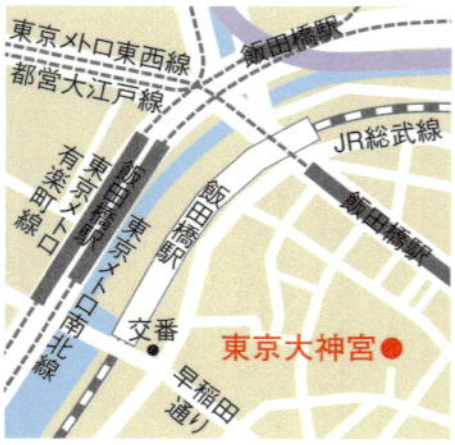

DATA
東京大神宮
創建／1880年
本殿様式／神明造
住所／東京都千代田区富士見 2-4-1
交通／JR・地下鉄「飯田橋駅」から徒歩5分
拝観時間／6:00 ～ 21:00
(お守り授与 8:00 ～ 19:00)
拝観料／無料

神社の方からのメッセージ

気持ちよくご参拝いただくことで御利益を

御結婚や恋愛成就の御礼参りにいらっしゃる方もいます。皆さまに気持ちよくご参拝いただけるよう、清掃や季節の花の手入れ等いつも心掛けています

みんなのクチコミ!!

恋みくじの結果は大吉。その後すぐにできた彼氏の星座がそのおみくじに書いてあったとおりだった（まめうさぎ）

たくさんの女性が参拝しているので、御利益がありそうな気がしました（みさこ）

日曜日にお参りしたら、本殿での結婚式に遭遇。幸せ気分になりました。（あこ）

墨書／奉拝、東京大神宮　印／東京大神宮　●当初、日比谷にあった頃は日比谷大神宮、現在地に移ってから飯田橋大神宮という社名になり、戦後に現在の東京大神宮という社名になったそうです

東京大神宮縁結びスポット

神様に想いを届ける願い文

神様へのお願いを自分で書いて手紙にする願い文。実を結ぶように祈願しながら紐を結んで奉納すると神前に納めていただけます

神門にあるハート型もパワスポ

神門の扉をよく見るとハート型の装飾があります。これは「猪の目」と呼ばれ、魔除けの意味があるそうです。撮影して携帯電話の待ち受け画面にすると恋愛が成就するという口コミも

東京大神宮授与品

優雅な趣ある御朱印帳（800円）。表紙は蝶と桜の2種類。どちらもパステルカラーで模様も小さく品のいいデザインです

「恋みくじ」（200円）は和紙人形がついたおみくじ。中に書いてある恋愛成就のアドバイスがよく当たると評判

「縁結び鈴蘭守り」（700円）は「幸福が訪れる」という花言葉を持つ純白の鈴蘭をかたどったかわいいお守り

伊勢神宮にちなみ、伊勢で特別に作られている「幸せ叶守」（800円）を授与。邪気を祓う神聖な麻に災難除けの朱色を使用しています

日本人の総氏神と仰がれる伊勢神宮内宮のアマテラススメオオカミと、衣食住などをつかさどる伊勢神宮外宮のトヨウケオオカミ。東京大神宮にはこの2柱の伊勢神宮の神様が祀られています

縁結び

主祭神

・多紀理比賣命《タギリヒメノミコト》
・市寸島比賣命《イチキシマヒメノミコト》
・田寸津比賣命《タギツヒメノミコト》

他にも
心願成就
財宝福徳
芸能上達
などの御利益が……

美人三姉妹がギュッと結んでくれるふたりの縁

神奈川 江《えの》島《しま》神《じん》社《じゃ》

辺津宮、中津宮、奥津宮の三社からなる海の守護神。
恋愛祈願に御利益ありと女性からあつく信仰されています。

三つのお宮に祀られているのは海の守護神で良縁成就の御利益を授ける三姉妹の女神です。辺津宮には三姉妹の三女タギツヒメ、中津宮には二女イチキシマヒメ、奥津宮には長女タギリヒメを祀ります。三姉妹そろって江島大明神とも呼ばれています。神仏習合で弁財天と同一とされ、江島弁財天として信仰されるようになりました。御朱印には弁財天が得意な琵琶の印があり、墨書が弁財天になったものと2種類あります。

中津宮の水琴窟《すいきんくつ》で水みくじを

中津宮の脇にある水琴窟は、耳を近づけるときれいな音が聞えます。中津宮で頂ける「水みくじ」の紙を、この水につけると字が浮かび上がり、運勢を読むことができます

DATA

江島神社

本殿様式／権現造（辺津宮・中津宮）、入母屋造（奥津宮）
住所／神奈川県藤沢市江の島 2-3-8
交通／小田急線「片瀬江ノ島駅」、江ノ島電鉄「江ノ島駅」、湘南モノレール「湘南江の島駅」各駅から徒歩約 15～23 分
拝観時間／奉安殿 8:30 ～ 17:00
拝観料／無料（奉安殿 大人 150 円、中・高生 100 円、小人 50 円）

神社の方からのメッセージ

「むすびの樹」には弁財天のお力が宿っています

根っこがひとつで2本の幹が寄り添う「むすびの樹」は弁財天の縁結びの力によってできたといわれており、不思議な力を感じます。お参りの皆さんがすがすがしい心持ちでお帰りいただけるよう願っています

みんなのクチコミ!!

島全体が聖域という感じ。心に穢れがある人は入ってはいけないとか。穢れを払うためにくぐる「茅の輪」というカヤで作られた大きな輪が、通年設置されています。他の神社では年に2回くらいしか設置されていないので、江島神社の神様はよほど穢れがお嫌いなんだなと思いました（匿名）

墨書／相州江の島鎮座、江島神社、奉拝　印／向い波に三枚の鱗が描かれた社紋、江島神社、琵琶の中に江の嶋神社　●三枚のウロコは北条鱗と呼ばれる大名・北条家の家紋。北条家との縁の深さを表しています

江島神社縁結びスポット

良縁を招くむすびの樹

奉安殿の先には御神木「むすびの樹」があります。この木は根がひとつで幹がふたつのイチョウの御神木。この絵馬には、彼と彼女の名前を書いてふたりの縁の強化を願います

中津宮では限定の「よくばり美人守」を

中津宮は1996年に改修。朱色は元禄時代の社殿を再現しています。美白、美髪、美形、そして明るい笑顔を授けてくれると大人気の「よくばり美人守」（500円）はここでしか授与されません！

江島神社授与品

湘南の海と鎌倉の岬、その先に江の島、そして富士山が見える風景を描いた御朱印帳です（1000円）

ぽっくり下駄と小判がついた「縁結守」。ぽっくり下駄とは七五三や成人式など祝い事で女性が履く縁起物（600円）

辺津宮の左側にある奉安殿は音楽の神様・妙音弁財天が祀られており、音楽の上達を願う参拝者の姿が絶えないところです

縁結び

主祭神

・武甕槌命《タケミカヅチノミコト》
・経津主命《フツヌシノミコト》
・天児屋根命《アメノコヤネノミコト》
・比売神《ヒメガミ》

他にも
開運厄除け
などの御利益が……

ラブ＆ピースの神様は恋愛最強サポーター！

奈良 春日大社《かすがたいしゃ》

全国に約3000ある春日神社の総本社。
恋のお願いはハート型の絵馬が目を引く夫婦大國社《めおとだいこくしゃ》で。

社殿へは一之鳥居から長い参道が続きます。本殿や回廊は鮮やかな朱色。これは20年に一度、建物の修繕や調度品の新調を行う式年造替が行われているからです。本殿にまず参拝したら、縁結びを祈願しに、境内の南側に鎮座する「夫婦大國社」へお参りしましょう。祭神は縁結びが得意な神様・大國様とその奥様。大國様の夫婦が、ひとつの社に祀られているのは全国で唯一とか。これ以上、強力なサポーターはいません。

境内の燈籠すべてに火が灯る「万燈籠」は幻想的

参道には約2000基の石灯籠が立ち、本社の回廊には約1000基の釣燈籠が下がります。すべてに火が灯るのは2月の節分と8月14・15日です

DATA
春日大社
創建／768年
本殿様式／春日造
住所／奈良県奈良市春日野町160
交通／近鉄「奈良駅」から徒歩25分、または近鉄·JR「奈良駅」から奈良交通バス「春日大社本殿」下車すぐ
拝観時間／4～9月　6:00～18:00
10～3月　6:30～17:00
御本殿前特別参拝料／500円

神社の方からのメッセージ

ぜひ朝拝にご参加ください！

ほぼ毎日、朝のお参り「朝拝」を開催しています。祝詞を唱え、お参りし、各神社を順次お参りする行事です。以前は神職のみで行っていましたが、今は予約不要でどなたでも参加いただけます。よりよく生きるきっかけやヒントをつかむ機会になればと願っています

みんなのクチコミ!!

一之鳥居をくぐると奈良公園が広がっているので、その奥の御本殿がある二之鳥居までたどり着くのに迷ってしまわないように注意　（とーとろ）

境内には鹿がいて、すごく和みます。恋愛の御利益を授かるために参拝しますが、癒やしももらっています　（YooKo）

墨書／奉拝、春日大社　印／春日大社　●春日大社は春日山原始林を背景に鎮座する神社。250ha もの面積がある原始林は春日大社の神山として信仰の地となっていました。その雄大さを思わせる力強い字

春日大社縁結びスポット

縁結び最強パワーの夫婦大國社

春日大社には多くの神社がありますが、そのひとつ。縁結びのほか、夫婦円満、家内安全の御利益も期待できます。約900 年前の平安時代に出雲大社から祭神を迎え、２体の神像を彫り、安置したのが最初と伝わります

春日大社授与品

「白鹿守」（800 円）は幸運をもたらすお守り。神様のお使い白鹿が描かれています

夫婦大國社の絵馬（800円）はかわいいピンクのハート型。カップルの名前を書いて奉納するとゴールインできるとか

一刀彫の鹿がおみくじをくわえている、「鹿みくじ」（500 円）。一刀彫は奈良の伝統工芸で木材を彫刻刀で彫ったものです

「白鹿みくじ」は平成27～28年の第60次式年造替（20年に一度行われる社殿の修築）を記念して作られたもの。陶器製（600円）

春日大社の神事

お渡り式《おわたりしき》

毎年 12 月 15 日から 18 日に行われる「春日若宮おん祭」のメイン行事が 17 日に行われる「お渡り式」です。平安時代から江戸時代まで、時代を代表する衣裳を着けた行列が市内を練り歩きます。

春日大社の神域には上記の夫婦大國社をはじめとして、多くの摂社・末社があります。その数なんと 61！ その中には「若宮神社」や「金龍神社」などの御朱印を頂けるところもあります

縁結び

招きにゃんこに良縁成就をお願いしちゃって！

東京 今戸神社《いまどじんじゃ》

神社のシンボルは仲よしペアの招き猫。
浅草名所七福神の一社にもなっています。

主祭神

- 應神天皇《オウジンテンノウ》
- 伊弉諾尊《イザナギノミコト》
- 伊弉冉尊《イザナミノミコト》
- 福禄寿《フクロクジュ》

他にも
開運招福
金運向上
などの御利益が……

神社の方からのメッセージ

たくさんの方が御礼参りに見えています！

御利益があって御礼参りに来てくださる方も多く、そんなときが一番うれしいです。「縁結び会」というお見合いの会も開催しており、これまでに50組以上のカップルが誕生しています

社殿で迎えてくれたのは大きな招き猫のカップル！高さはなんと2ｍもあるとのこと。拝殿左側には愛らしい招き猫2体が並ぶ小さな石像「石なで猫」があります。猫をなでると祈願成就の御利益を授かるとか。「お参りして、なで猫をなでて、宝くじが当たった人もいます」と神社の方。神主さんは現役のイラストレーター。御朱印のデザインにもこだわっています。

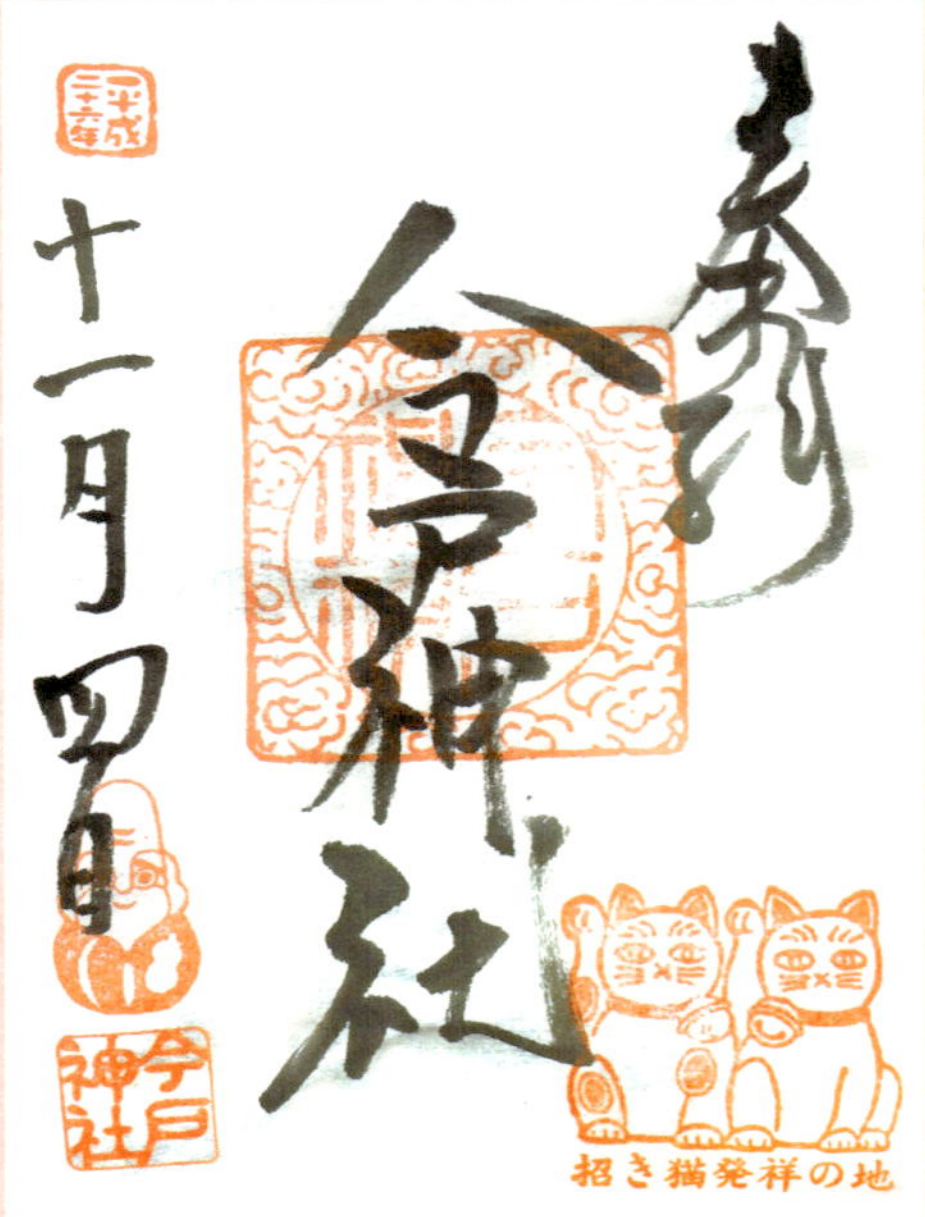

墨書／奉拝、今戸神社　印／招き猫、今戸神社、平成二十六年、福禄寿、今戸神社　●元号と年が印になっている御朱印は珍しい。七福神・福禄寿の印は神主さんのイラストを印にしたもの

御朱印帳

表紙にデザインされているのが本殿に据えられている招き猫ペア。裏は七福神のひとりで幸福と長寿の神様・福禄寿が描かれています（1500円）

DATA
今戸神社
創建／1063年
本殿様式／権現造
住所／東京都台東区今戸1-5-22
交通／地下鉄「浅草駅」から徒歩15分
拝観時間／9:00～17:00
拝観料／無料

今戸神社の鎮座地の番地は1-5-22。これは「いいご夫婦（いぃー・ご・ふうふ）」とも読めます

主祭神
・明治天皇《メイジテンノウ》
・昭憲皇太后《ショウケンコウタイゴウ》

他にも
国家安泰
皇室弥栄
などの御利益が……

都会のオアシスで御神木に結婚祈願

東京 明《めい》治《じ》神《じん》宮《ぐう》

初詣の参拝者数日本一。70万m²の広大な森が広がる境内は彼とのゆっくり散策もおすすめ。

神社の方からのメッセージ

おみくじがよく当たると言われます

おみくじには、御祭神が詠まれた和歌が記されています。日々の心がけとなる教訓的なものが選ばれており、「ハッとした」「よく当たる」という声や、「自宅で大切に飾っています」というお話をうかがうことも多くあります

広大な鎮守の森はまさにヒーリングゾーン。拝殿で縁結びをお願いしたら、手前の夫婦楠へ。しめ縄が張られた御神木で、さらに良縁を得る力が頂けます。拝殿から原宿駅に向かう途中にある有料エリアの御苑には都内有数のパワスポ清正井《きよまさのいど》があります。ここからは清らかな水が湧き、菖蒲田に絶えず注がれます。6月には菖蒲の花々が見事に咲き、花のエネルギーに満ちる場所です。

墨書／奉拝、明治神宮　印／皇紀二千六百七十四年、菊と五三桐の社紋、明治神宮　●社紋の菊の花びらの数は12枚。これは皇室の紋章と同じ16枚にするの遠慮をしたためだそう

御朱印帳

御朱印帳（1000円）は開くと御祭神名と主な祭典日が書いてあります

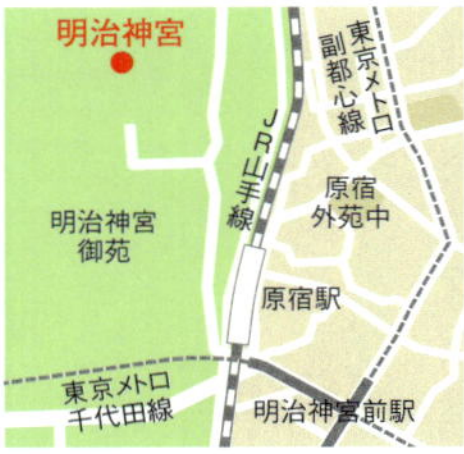

DATA
明治神宮
創建／1920年
本殿様式／流造
住所／東京都渋谷区代々木神園町1-1
交通／JR「原宿駅」「代々木駅」、地下鉄「明治神宮前駅」「北参道駅」、小田急線「参宮橋駅」下車
拝観時間／日の出～日没（時間は毎月異なる）
拝観料／無料（御苑は維持協力金500円）

御朱印の右上の印にある皇紀とは、初代天皇の神武天皇が即位した紀元前660年を元年とした日本独自の年の数え方です

よいご縁祈願ならオールマイティ

岐阜 結神社《むすびじんじゃ》

織田信長に勝利を授けた神様が、強いパワーで
さまざまなご縁を結んでくれます。

主祭神
- 高御産霊尊《タカミムスビノミコト》
- 天御中主尊《アメノミナカヌシノミコト》
- 神御産霊尊《カミムスビノミコト》

他にも
家内安全、対人関係
仕事運、健康運向上
などの御利益が……

神社の方に「この世にあるすべての事とよいご縁がありますように」と言われました。御利益の良縁は恋愛成就、家族、友達、仕事、健康なんでも大丈夫。御朱印にも書いてある「むすび」の神様はあらゆるご縁を結んでくれます。それに織田信長の祈願に応えて長篠の戦いに大勝利をもたらしてくるほど、強い力の持ち主。恋の必勝祈願も、安心してお願いしましょう。

神社の方からのメッセージ

恋愛のお礼参りの方が大変多いです

授与品などをお求めに見える方といろいろなお話をさせていただき、ほほえましい気持ちになることも。恋愛やお仕事がうまくいったとお礼に見える方が大変多く、私たちも幸せに感じます

墨書の印／奉拝、産霊の神　印／結神之社印、結神社印
●「産霊の神」と書いて“ムスビノカミ”と読みます。つまり、主祭神タカミムスビノミコトのこと

授与品

赤いヒモを円に結んだお守りです。神職の方たちの手作り。初詣のときなどは売り切れることもあります（200円）

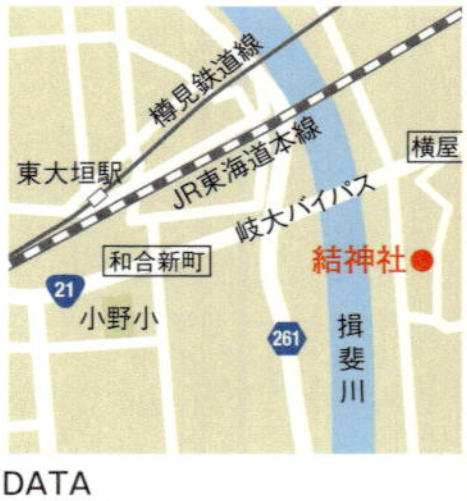

DATA
結神社
創建／ 1300 年前
本殿様式／二重唐羽風造り
住所／岐阜県安八郡安八町西結 584-1
交通／ JR「穂積駅」から車で 15 分
拝観時間／自由
拝観料／無料

結神社には歌舞伎「小栗判官」に登場する照手姫《てるてひめ》が小栗判官に会うために 7 日間願掛けをした伝説があります

縁結び

縁結び

主祭神

正哉吾勝勝速日天忍穂耳尊《マサカアカツカチハヤヒアメノオシホミミノミコト》

他にも
強運（総合運）
などの御利益が……

歴史に残る恋の舞台で逆風だらけの恋をかなえる!

静岡 伊豆山神社《いずさんじんじゃ》

周囲の反対、敵同士……そんな困難をはねのけてゴールインした源頼朝と北条政子にあやかりましょう。

神社の方からのメッセージ

景観を楽しみ、気持ちよくご参拝ください

参拝の方が気持ちよくお参りできるよう、境内を清潔に保ち、ご挨拶するよう心掛けています。相模湾の眺望、四季折々の草花、小鳥の鳴き声など、心洗われる環境も心静かに感じていただければと思います

まずは本殿に参拝。平安末期、北条氏にその仲を許されていなかった頃の源頼朝と北条政子が身を寄せ愛を育んだ神社であり、境内にはふたりが腰掛け愛を語らったといわれる腰掛け石が残されています。また、源平の合戦の折、源頼朝はこの地で挙兵し勝利を祈願しました。強運の神・紅白の二龍がついた御朱印帳も恋の強い味方! ライバルや周囲の反対など、恋の困難を乗り切るパワーがもらえそう。

墨書／奉拝、伊豆國、伊豆山神社　印／伊豆山神社
●印の真ん中にひと振りの剣が!　源氏と北条氏という鎌倉期ツートップの武家に縁深いことを感じさせられます。恋の勇気ももらえそう

御朱印帳

源頼朝が源氏再興を願い成就。強運の御利益もあり。そこで表紙に「強運」。紅白の龍が勇ましい（1000円）

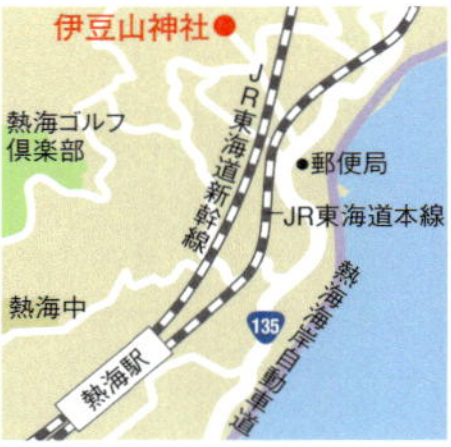

DATA
伊豆山神社
創建／不明
本殿様式／流造
住所／静岡県熱海市伊豆山上野地 708-1
交通／ JR「熱海駅」からバスで 8 分
伊豆山神社前下車
拝観時間／自由
拝観料／無料

伊豆山の地下には、火を操る赤い龍と水を操る白い龍がいて、伊豆の温泉はこの二匹の目、耳、鼻、口から湧いているという伝説があるとか

縁結び

主祭神

猿田彦大神《サルタヒコオオカミ》

他にも方災解除
厄除開運
家内安全
無病息災
などの御利益が……

行くべきは「かなえ滝」。待ち受けにすべし！

三重 椿《つばき》大《おお》神《かみ》社《やしろ》

日本最古の神社といわれる伊勢国一ノ宮。
縁結びなら境内にある別宮・椿岸神社《つばきぎしじんじゃ》へお参りを。

神社の方からのメッセージ

かなえ滝のお参りで願いがかなったという声がたくさん

多くの若い女性が別宮の椿岸神社に参拝されています。かなえ滝をお参りして願いがかなったという声も多くお聞きしています。拝殿では結婚式も奉仕しており、喜んでいただいております

伊勢国一ノ宮として県内外から参拝者が訪れます。主祭神は神様の道案内をした「みちびき」の神、サルタヒコ。あらゆる御利益がありますが外せないのが隣の椿岸神社！　祀られているのは主祭神の愛妻にして芸能と縁結びの神様・天之鈿女命《アメノウズメノミコト》。社殿脇に流れる滝・かなえ滝の画像を携帯電話の待ち受け画面にすると願いがかなうとか。滝に奉納する「かなえ絵馬」も忘れずに。

墨書／椿大神社　印／猿田彦大本宮、伊勢一之宮椿大神社地祇大本宮
●印にある「地祇大本宮《ちぎだいほんぐう》」とは、椿大神社が鈴鹿山系の高山と短山を古代からあがめてきた神社であることを意味します

御朱印帳

ピンク地にかわいい紅白のツバキが２輪。紺地に紅白のツバキもあります。同じ柄のお守りも（1200円）

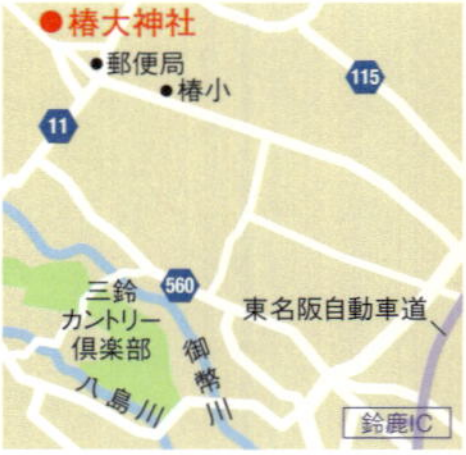

DATA
椿大神社
創建／紀元前３年
本殿様式／神明造
住所／三重県鈴鹿市山本町 1871
交通／ JR・近鉄「四日市駅」から三交バス椿大神社バス停下車
拝観時間／日の出から日の入り
拝観料／無料

サルタヒコは鼻がとても大きく、天狗の原型となったと伝えられています

まだまだ
あります！

縁結び 神社の御朱印

良縁がかなうようにとの願いが込められた御朱印はあたたかく、優しい雰囲気をたたえています

彌彦神社《やひこじんじゃ》

新潟

西蒲原郡弥彦村弥彦 2887-2

御朱印にも印が押される通り、越後の一ノ宮で、神聖な山、弥彦山の麓に鎮座しています。祭神は天照大神（アマテラスオオカミ）のひ孫にあたる天香山命（アメノカゴヤマノミコト）。現在の地で再建されてから、平成 27 年で 100 年を迎えます。

夫婦木姫の宮《めおとぎひめのみや》

山梨

甲府市猪狩町 300

昇仙峡にある夫婦木神社と夫婦木姫の宮は上社と下社の関係です。御利益はともに縁結びや子授け。上社には御神木があり、下社は女性神木を祀っています。御朱印にはモミジの押し葉を貼り付けていただけます。

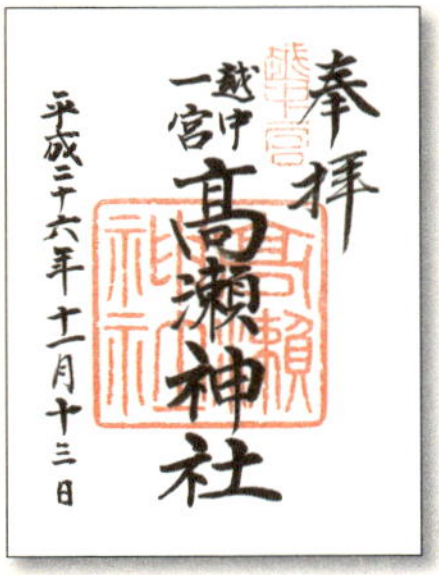

高瀬神社《たかせじんじゃ》

富山

南砺市高瀬 291

福の神・縁結びの神、大国主命（オオクニヌシノミコト）を祀ります。オオクニヌシノミコトは「神様の恋の相談にのる神様」として、縁結びの御加護があると古くより信仰されています。御朱印には印でも墨書でも「越中一宮」と記されます。

氣多大社《けたたいしゃ》

石川

羽咋市寺家町ク 1-1

「万葉集」にも登場する由緒ある神社です。原生林「入らずの森」に抱かれた旧国幣大社です。前田利家をはじめ歴代藩主が崇敬しました。「利家とまつ」が愛した北陸道屈指の大社です。御朱印にもある通りの「能登國一宮」。

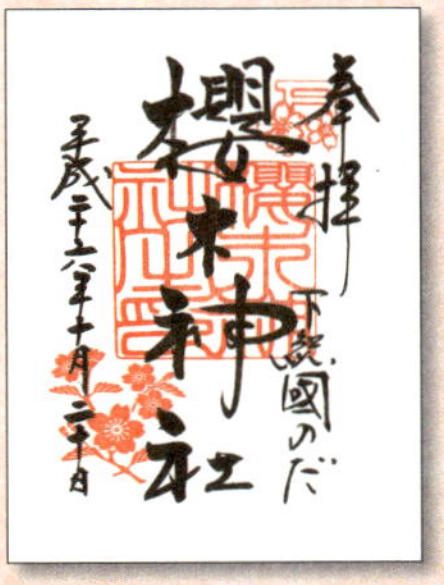

櫻木神社《さくらぎじんじゃ》

千葉

野田市桜台 210

縁結びと開運の御利益がある櫻木神社。かつては、咲き誇る桜の美しさに「桜の宮」とも呼ばれたそう。御朱印にも桜モチーフの印を押していただけます。御朱印帳やお守りなど授与品も桜のデザイン尽くしです。

生田神社《いくたじんじゃ》

兵庫

神戸市中央区下山手通 1-2-1

御朱印にも堂々と輝く「縁むすびの神」の文字。生田神社では、戦前から神前結婚式を行っていて、神戸市内のホテルの結婚式場にも神様のお力をおうつしして、多くのカップルを結び付けてきました。

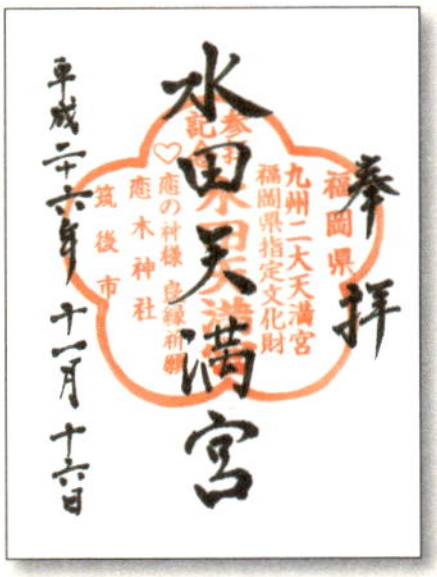

恋木神社《こいのきじんじゃ》

福岡

筑後市水田 62-1

恋木神社は御朱印に墨書きされている水田天満宮の境内末社。祭神の名はズバリ、恋命（コイノミコト）！ 御朱印にも「恋の神様」とハートが記されています。ハート型の陶板で装飾された境内は、いかにも恋の御利益にあずかれるそうです。

男女神社《なんにょじんじゃ》

佐賀

佐賀市大和町大字久留間

日本神話最初の夫婦、伊耶那岐命（イザナギノミコト）と伊耶那美命（イザナミノミコト）をお祀りするだけあって、縁結び、子宝、安産、夫婦家庭円満、子育て……と男女の仲に関する御利益が豊富。御朱印の「感謝」の朱文字に、お参りしてよかったと思えます。

お気に入りの御朱印はコレ！2

御朱印をあつめ始める動機は人それぞれ。ただ、皆さん、御朱印にも神様のパワーがあることを感じているようです。そして、あとから見返すと当時の風景が鮮明に思い出せるのがよいとも話しています。

お気に入りの御朱印帳

榛名神社の御朱印帳は表紙に社紋の三つ巴が金で押され、裏は紺無地。この表紙を見ると神社の風景が目に浮かびます

御朱印が思い出に

自然に囲まれた社殿や境内の雰囲気が気に入り、この御朱印を見るたびに当時を思い出せるところがよいです

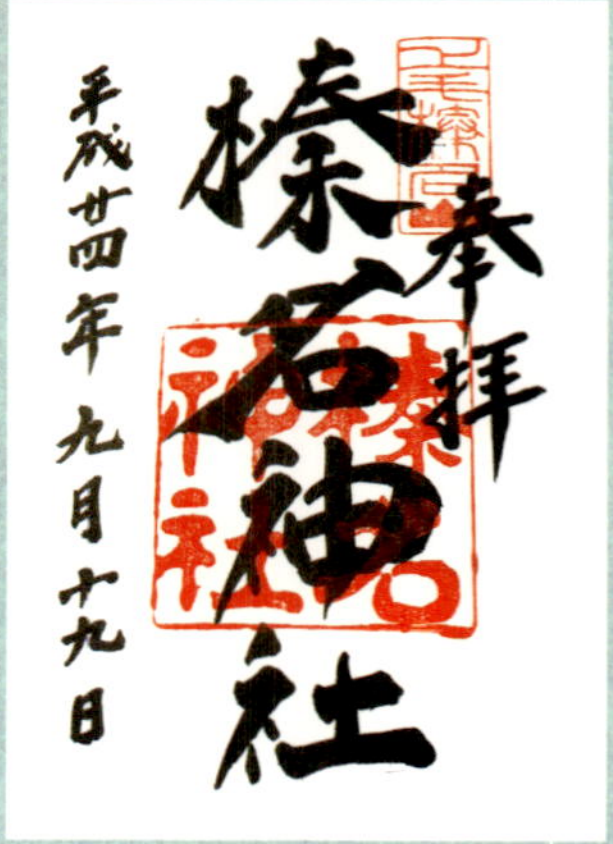

墨書／奉拝、榛名神社　印／上毛榛名山、榛名神社　●印の「山」が山の形になっています

御朱印は思い出、そしてお守りです

M.N さん
41歳　会社員

参拝前に下調べを

榛名神社は境内の雰囲気がよく、好きな神社のひとつです。私にとって御朱印は神様が近くにいてくれるというお守りのような存在。ですから、頂くときにはいつも心を落ち着かせるようにしています。また、参拝に行く前には下調べをし、その寺社のことを勉強して行きます。するとその寺社のよさが、さらに実感できます。

お気に入りの御朱印帳

以前から欲しかった櫻木神社の御朱印帳です。表紙と裏表紙の２面に渡って描かれた立派な桜の木と色づかいがとてもきれいで気に入っています

レアな御朱印です

通常は漢字で「伏見稲荷」と書かれるところ、「いなり」を平仮名で墨書されているのがレアだと思います

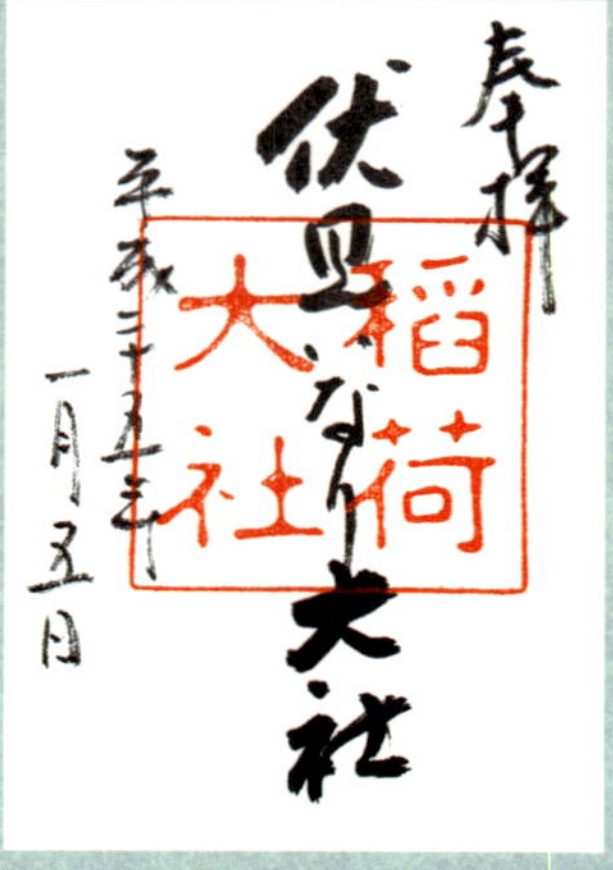

墨書／奉拝、伏見いなり大社　印／稲荷大社
●「稲荷大社」といえば伏見稲荷をさすという自負が感じられる印です

オンリーワンの御朱印にはパワーがあります

M.I さん
30歳　主婦

神社へのマナーを心がけています

御朱印歴7年になります。参拝したその日に頂く御朱印はオンリーワンのすばらしいもの。あとから御朱印を見返すたびにパワーがもらえるような気がします。ですから、御朱印帳はカバーを外し、御朱印を頂くページを開いてお渡しするなどマナーは心がけています。御利益を授かった神社は京都の岡崎神社で安産に恵まれました。

Part3　金運

ファッションに、美容に、旅行に……
いくらあっても足りない「お金」。
本章では金運に御利益のある神社をご紹介します。
夢の一攫千金をお祈りしちゃいましょう！

- 銭洗弁財天宇賀福神社（神奈川）
- 金刀比羅宮（香川）
- 小網神社（東京）
- 御金神社（京都）
- 金持神社（鳥取）
- 宝当神社（佐賀）

まだまだあります！
【金運】神社の御朱印

金運

主祭神

・市杵島姫命《イチキシマヒメノミコト》

・弁財天《ベンザイテン》

他にも
商売繁昌、家内安全
などの御利益が……

洞窟の湧き水パワーで、がっつりリッチ！

神奈川 銭洗《ぜにあらい》弁財天《べんざいてん》宇賀《うが》福神社《ふくじんじゃ》

洞窟の奥に湧く霊水「銭洗水」は
金運の御利益がいただけると名高い霊水です。

境内へは鳥居をくぐり小さなトンネルを抜けていきます。トンネルは薄暗くて夏でもヒンヤリ。敏感な人はナニかを感じるかも。境内は崖に囲まれた空間で、明るい光が差し込みます。金運アップは奥宮へ。奥宮には「銭洗水」という清水が湧いています。この清水は福を招く霊水で、いつしか人々の間でお金を洗うと増えると伝わり、今では御利益を求めて多くの参拝者が訪れます。

水の神様を祀る水神宮

境内の社務所と参拝者休憩所の右手には湧水の池があり、水神宮(上社・下社)が祀られています。御祭神は水を司る水波売神《ミズハノメノカミ》で銭洗水の水口の守護神です。また、湧水池には緋鯉が泳ぎ、参拝者の目を楽しませています

境内マップ

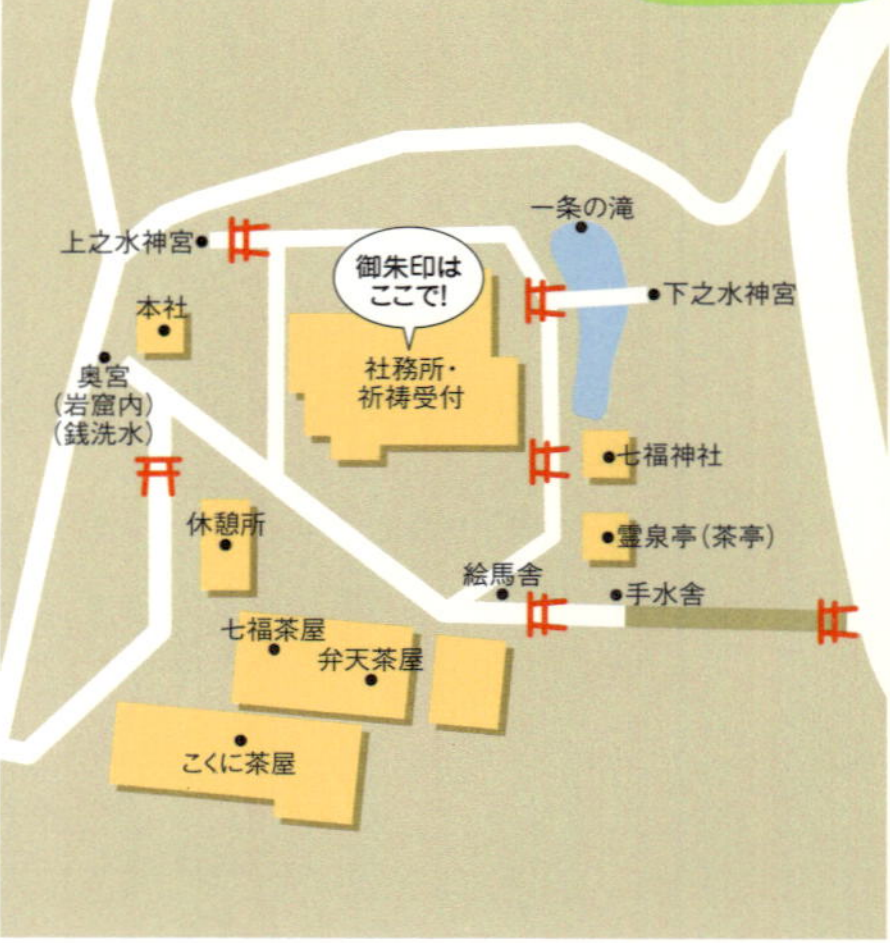

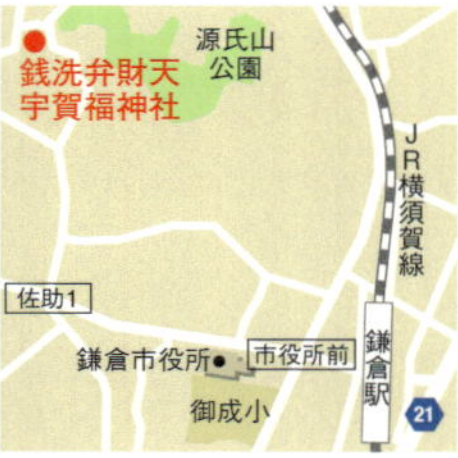

DATA

銭洗弁財天宇賀福神社

創建／1185年
本殿様式／流造
住所／神奈川県鎌倉市佐助 2-25-16
交通／JR 横須賀線「鎌倉駅」西口より
徒歩 30 分
拝観時間／8:00~17:00(己巳日は 18:00)
拝観料／100 円

神社の方からのメッセージ

本来は不浄を洗い清める霊水です

洞窟に湧く銭洗水はこの水を神仏に捧げれば国内が平穏になるという神のお告げを受けて、源頼朝が見つけたと伝わる霊水です。霊水で財宝を洗うのは、お金を増やすためではなく、自分自身の不浄を洗い清め、福を招くというのが本来の意味です

みんなのクチコミ!!

境内には茶店もあって、おでんや甘酒、トコロテン、アイスが食べられます。おみやげも売ってます（みい）

近くには佐助稲荷という開運のパワスポもあるのであわせて行ってみては（こりす）

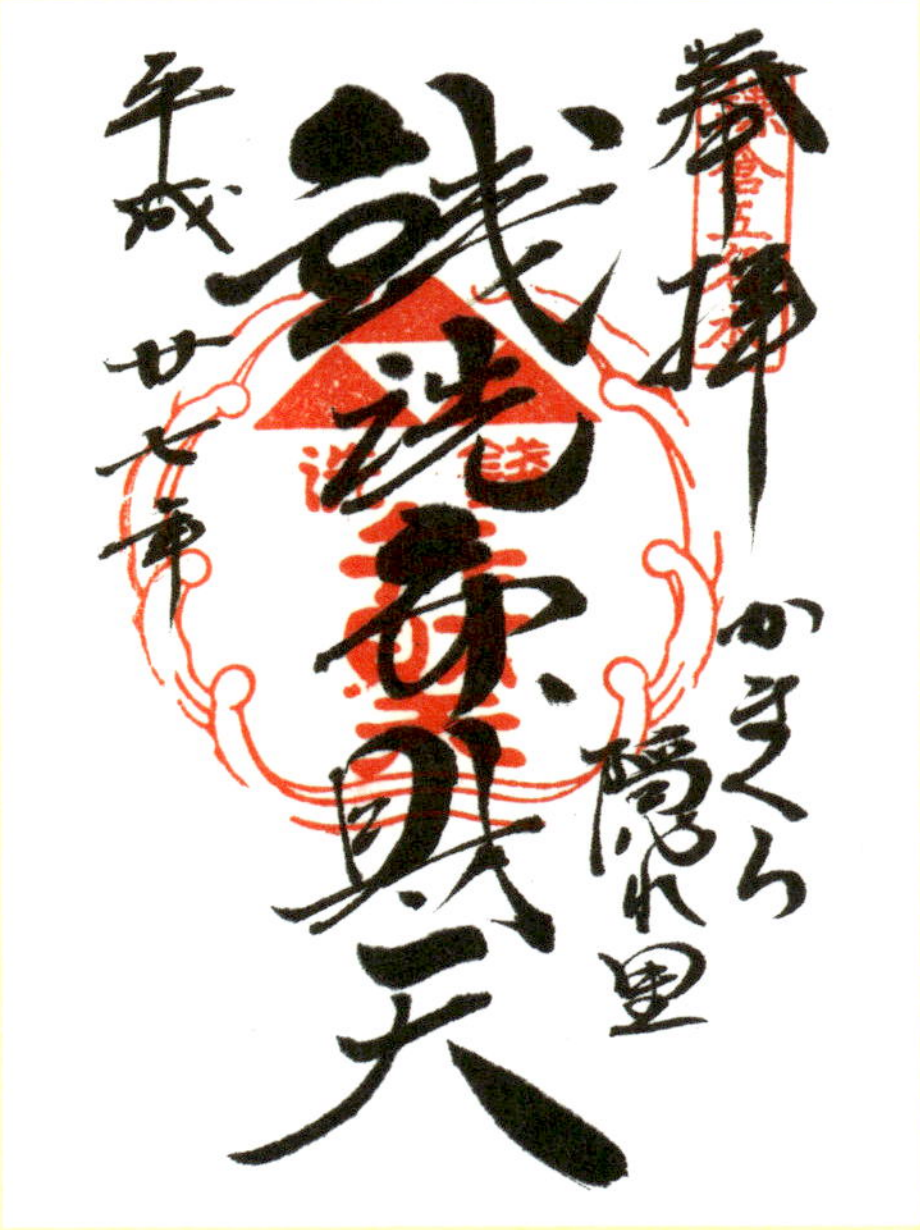

墨書／奉拝、かまくら隠れ里、銭洗辨財天　印／鎌倉五名水、北条鱗の社紋と銭洗弁財天の印　●北条鱗の社紋は執権・北条氏とのゆかりの深さを表しています

銭洗弁財天宇賀福神社御利益スポット

霊水でお金を洗うと御利益が

洞窟に湧き出る霊水（銭洗水）は、鎌倉五名水のひとつ。こちらに用意してある銭洗い用のざるにお金を入れて軽く洗います。観光客や地元の人など一年中たくさんの人が参拝に訪れますが、特に弁財天の縁日である己巳日（つちのとみまつり）は参詣者でにぎわいます

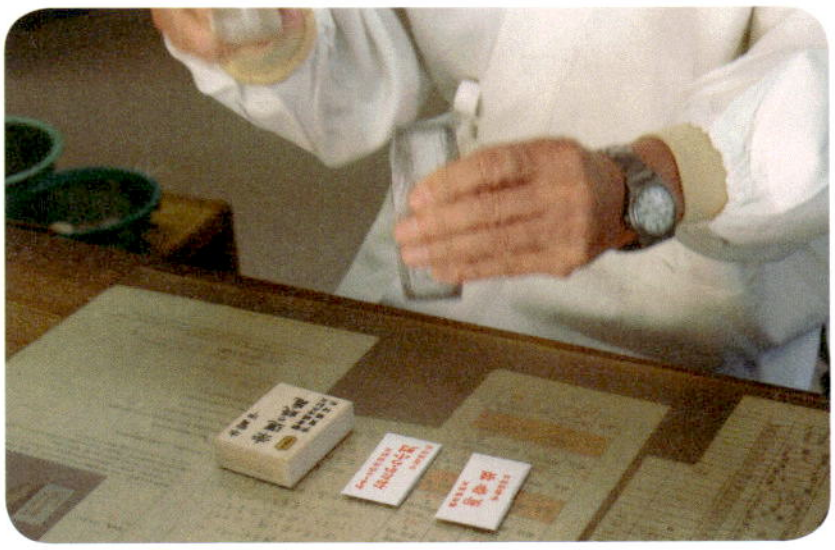

火打石でお浄め

授与品で頂きたいのが「財宝」をモチーフにしたお守り「御《ご》宝銭《ほうせん》（300 円）」と「おたから小判（300 円）」。授与されたお守りは、その場で火打ち石でカチカチとたたき、散った火花でお清めをしていただけます。「昔はどこの神社でも、こうしてお清めをしていたけど、今は当社だけじゃないですかね」と神社の方はおっしゃっていました

銭洗弁財天宇賀福神社授与品

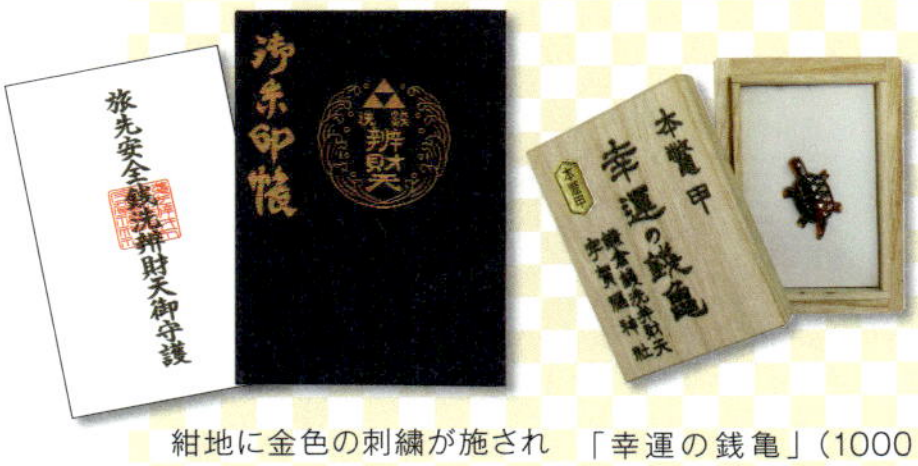

紺地に金色の刺繍が施された、格調高い御朱印帳(1000円)。中には旅先安全の守護札が添えられています

「幸運の銭亀」(1000円)。財布や金庫などに入れて、福を呼び込んでいただきましょう

財宝をモチーフにしたお守り「御宝銭」と「おたから小判」はお財布に入れておくとお金に困らないといわれる人気のお守りです

主祭神

・大物主神《オオモノヌシノカミ》

・崇徳天皇《ストクテンノウ》

他にも
航海安全、商売繁盛
農業、医療
などの御利益が……

ながーい石段の先にあるのは金運アップ！

香川 金刀比羅宮《ことひらぐう》

江戸時代、お伊勢参りと並び人々の憧れの参拝地だった金刀比羅宮。
昔も今も“こんぴらさん”として親しまれる海の神様です。

御祭神は海の神様であるため、波風を立てず物事を円滑に進めるパワーを授かることができるといわれています。周囲とのトラブルが起こらず、事業がスムーズに進み、その結果、商売繁盛。そして金運も上昇します。本殿は琴平山の中腹に鎮座し、参道の長い石段でも有名。御本宮までは７８５段。奥社までは１３６８段もあり、上りきると眺めがよく、達成感が得られます。生活を豊かにし、日々、穏やかに過ごせるパワーももらえるそうです。

カフェ／レストラン「神椿」
金刀比羅宮の森の中のカフェ／レストラン「神椿」は、「資生堂パーラー」が運営。カフェは年中無休。レストランのみ月曜日の夜は休業

境内マップ

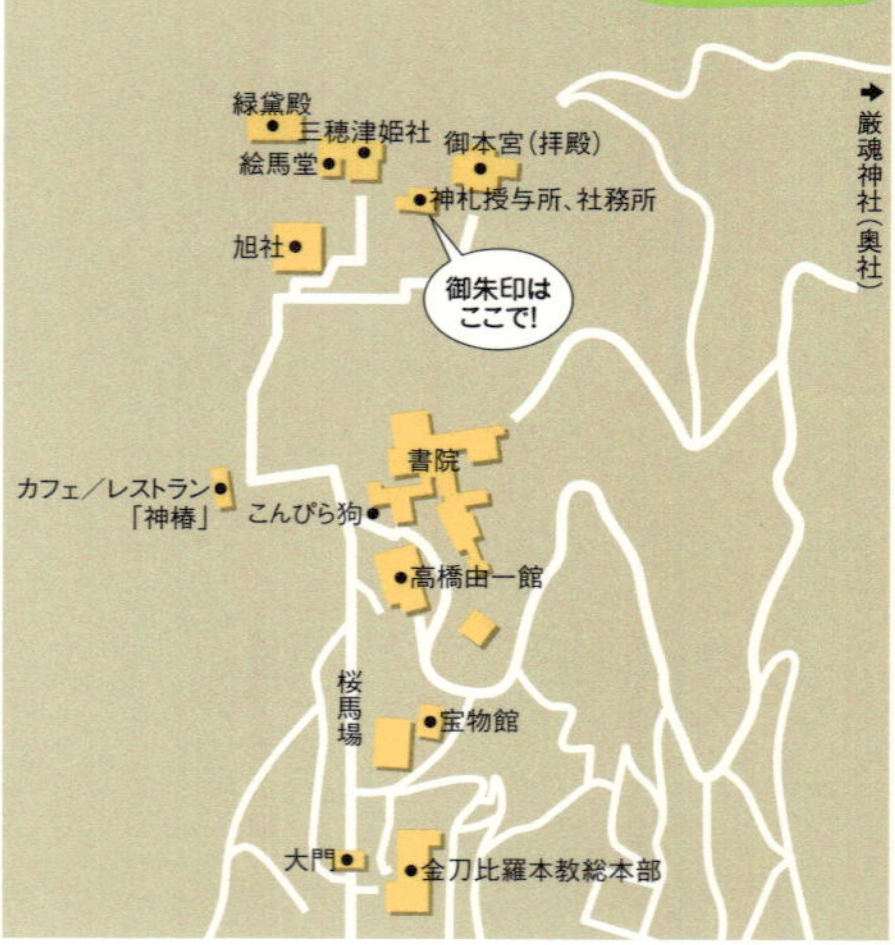

DATA
金刀比羅宮
創建／不明
本殿様式／大社関棟造
住所／香川県仲多度郡琴平町 892-1
交通／JR・琴電「琴平駅」から徒歩 15 分（参道入り口まで）
拝観時間／6:00～18:00（3・4・9・10 月は～17:30、11～2 月は～17:00）
拝観料／無料

神社の方からのメッセージ

幅広く信仰いただいています

海の神様ということで、漁業や貿易関係の方が多数おいでになります。養殖を始める前に必ず参拝される海苔養殖の組合なども。また幅広いご神徳がございますので、農業などさまざまな職業の方がご祈祷を受けられています

みんなのクチコミ!!

石段はゆっくり上って 30 分くらいかな? 特に後半がきつかったです。ハイヒールはゼッタイやめた方がいい（ゆーぽん）

カフェ／レストラン「神椿」はセルフサービス。ドリンクのほかにランチも OK です （階段大好き）

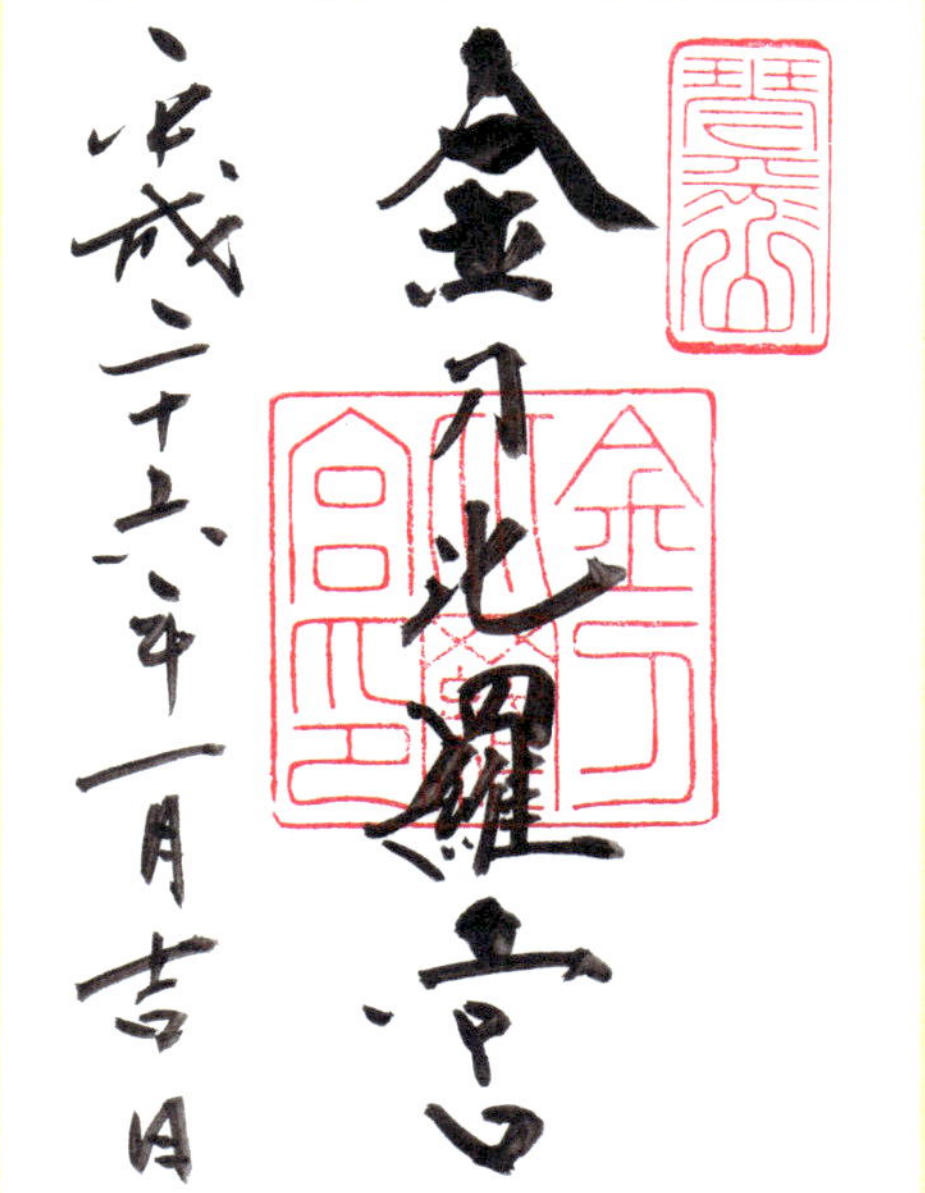

墨書／金刀比羅宮　印／琴平山、金刀比羅宮印

●細い篆書の印がスマートな御朱印は、御本宮近くの授与所でいただけます。がんばって階段を登っていただけば、自分もスマートになれるかも

金刀比羅宮御利益スポット

1368 段の階段の先にある“奥社”

正式名は厳魂神社。金刀比羅本教の教祖である厳魂彦命《イヅタマヒコノミコト》が祭られています。こちらでも御朱印が頂けます

江戸時代にはご主人の代わりにぼくがこの階段を上ってお参りしたよ!

こんぴら狗の銅像はイラストレーター・湯村輝彦さんのデザイン。431 段目で「まだ 2 分の 1 ～」と挫けそうになる心を和ませてくれます

金刀比羅宮授与品

「幸福の黄色いお守り」と「ミニこんぴら狗」のセット（1500 円）。お守りの鮮やかな黄色は、ウコンで糸を染めてだしています

オリジナルの「笑顔元気くん朱印帳」(1500 円)。裏には金刀比羅宮の社紋が描かれています

金刀比羅宮の神事

金刀比羅宮「桜花祭《さくらさい》」

春、3000 本以上のソメイヨシノに彩られる金刀比羅宮の恒例行事。冠に桜の花を挿した神職と、桜の枝を手に持った巫女（みこ）の行列が、奏楽のなか、大門から御本宮まで優雅に練り歩き、拝殿では舞が奉納されます。

帰路は裏参道から下りましょう。桜馬場の北側から琴平の町まで下れます。道は石段のない舗装された道です

金運

主祭神

・倉稲魂神《ウガノミタマノカミ》

・市杵島比賣神《イチキシマヒメノカミ》

他にも
強運厄除、学芸成就
渡航安全、病気平癒
などの御利益が……

小さなザルで小銭を洗って財運強化

東京 小《こ》網《あみ》神《じん》社《じゃ》

東京大空襲で境内が戦災を免れたことなどから強運の神様といわれるようになりました。社殿に彫られているのは強運厄除の龍。

神社の方からのメッセージ

神奉限定の「財運守」もあります。

平日はサラリーマンやOLの方、休日には遠方からのご参拝も多く、ますます盛んに信仰いただいています。毎年10月28日に行う「万福舟乗弁財天大祭」では、限定の「財運守」を授与いたします

御利益はズバリ、「強運厄除」＆「財運」。金運が下降線になったらさっそくお参りを。境内にはこじんまりとした銭洗いの井戸があります。備え付けのかわいいザルで小銭を洗いましょう。この小銭をお財布に入れておくと金運がぐんとアップ。お金を扱う証券マンや、宝くじ購入前に参拝する人など多くの方に支持されています。「東京銭洗い弁天」とも呼ばれているそうです。

墨書／奉拝、小網神社　印／強運厄除東京銭洗い弁天、小網神社
●印にある“強運厄除の龍”は「昇り龍」「降り龍」の一対の龍。社殿向拝の左右に彫刻されています

御朱印帳

表には金色の社殿が描かれ、裏は社名。紺色の他に朱色もあります（1500円）

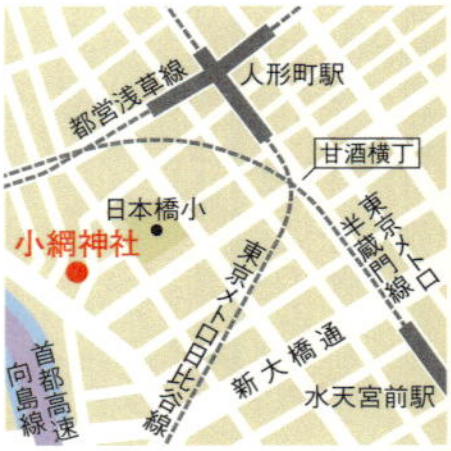

DATA
小網神社
創建／文正元年（1466）5月28日
本殿様式／一間流造（拝殿／入母屋造千鳥破風付、向拝／向唐破風）
住所／東京都中央区日本橋小網町16-23
交通／東京メトロ日比谷線「人形町駅」より徒歩5分
拝観時間／6:00～18:00
拝観料／無料

「まゆ玉みくじ」は本物のまゆ玉におみくじが入っています。くじを引いたあとのまゆ玉はお守りにもなります

主祭神
金山毘古神《カナヤマヒコノカミ》

他にも
不動産、方位除け
厄除け、旅行安全
などの御利益が……

お財布ピンチ！ レッツ、金運キャッチ！

京都 御金神社《みかねじんじゃ》

日本で唯一、金属を司る神様が祀られている神社。
銀行や証券など金融関係者のお参りが多いです。

神社の方からのメッセージ

御神木モチーフの絵馬でご祈願ください

京都市内でも有数のイチョウの巨木が当神社の御神木です。それにちなんで、絵馬はイチョウの葉の形をしており、参拝者に好評をいただいております

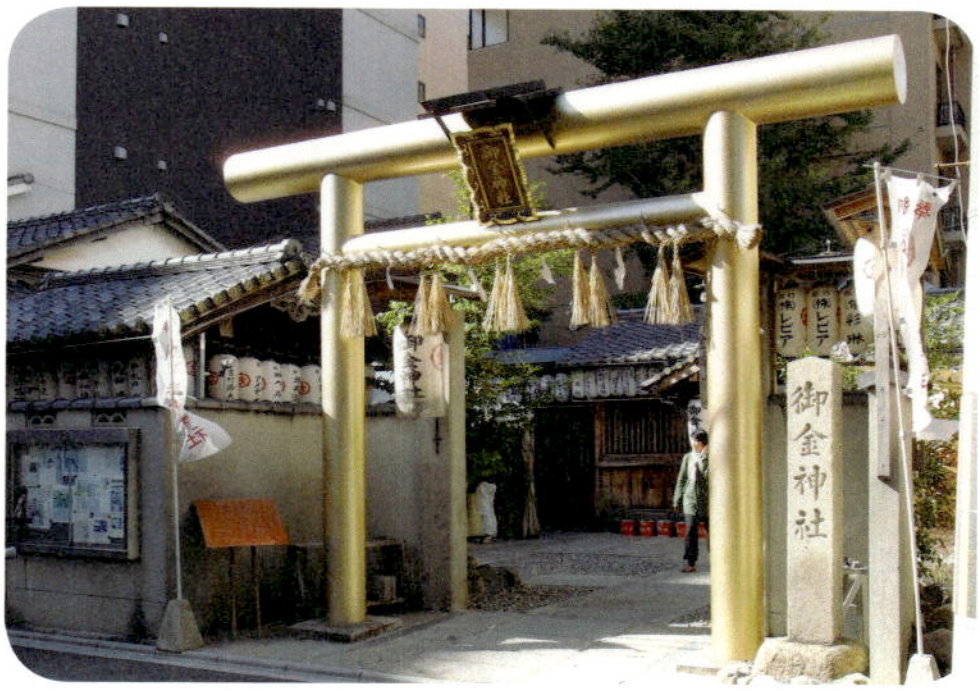

住宅街にキラキラと輝くゴールドの鳥居が目印。鳥居から金運上昇パワーが発散されていようです。祀られているのは鉱山や鉱物の神様で、昔から農機具や大型機械などを造る人々が参拝していました。江戸時代、鉱山からは通貨として使用された金・銀・銅が採掘されたのでいつしかお金の神様に。宝くじに当選したとか貯金が増えたというお礼参りが多いとのこと。

墨書／奉拝、御金神社　印／金の社紋、御金神社守護
●上部の「金」という社紋の印が衝撃的。神社名の印に施された飾りもゴージャスで、いかにも金運が上昇しそうな気がします

授与品

金色の「福さいふ」（1000円）は、いかにもお金が貯まりそう。「お金が満たされるように祈願しています」と神社の方

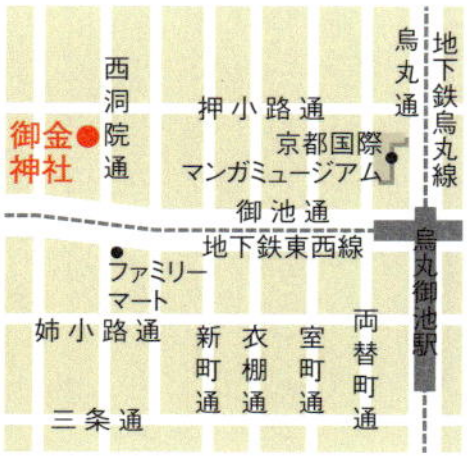

DATA
御金神社
創建／ 1883 年
本殿様式／神明造
住所／京都府京都市中京区西洞院通御池上ル押西洞院町 614
交通／地下鉄「烏丸御池駅」から徒歩 5 分
拝観時間／自由
拝観料／無料

ここで引ける開運・招福おみくじの袋のなかには、だるま、亀、小槌、福俵など小さな縁起物が入っています。財布に入れておくと運気アップ

金運

主祭神

・天之常立尊《アメノトコタチノミコト》

・八束水臣津努命《ヤツカミズオミズヌノミコト》

・淤美豆奴命《オミズヌノミコト》

他にも
開運
などの御利益が……

この名前日本唯一。ハンパじゃないです金運力

鳥取 金《か》持《もち》神《じん》社《じゃ》

山のなかのこじんまりした神社ですが、金運を高める強力なパワーを持つ神社として、全国から多くの参拝者が訪れます。

神社の方からのメッセージ

喜びの声が続々届いています!

奉納された絵馬には、「還暦に億万長者になりました」「ジャンボ宝くじに当選しました」「ギャンブルに強くなりました」など、数多くのお礼のコメントを記していただいています

「お参りして金運アップの効果がありました」という喜びの声が全国から届くそうです。全国でも、この名の神社はここだけ。神社名の「金持」は神社が建つ地名です。昔、この地は真砂鉄が多く採掘できる場所でした。古くは、鉄のことを「金《かね》」と言ったことから金が採れる谷を多く持つ地、つまり「金持」という地名になったのです。お給料アップの御利益も絶大です。

墨書/金運招福、金持神社　印/金持神社+金運招福+打出小槌+社殿+鳥取県日野郡日野町の印　●御朱印にも描かれている本殿前の階段。実際の段数は百段近くあります

縁起物

草木染めのハンカチに「金持神社」と文字刺繍入り。木綿製(1080円)

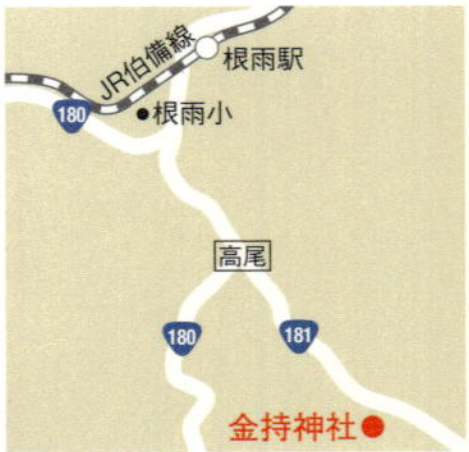

DATA
金持神社
創建/ 810年
本殿様式/不明
住所/鳥取県日野郡日野町金持
交通/ JR伯備線「根雨駅」下車、タクシーで約7分
拝観時間/自由　拝観料/無料
問い合わせ/ 0859-72-0481(札所)
＊御朱印は札所(売店)にて

使わなくなった財布をお祓い・お焚き上げする財布お祓いを行っています(要予約)。お祓い後はしるしとして金運招来の御利益のある「金の素」が送付されます

主祭神

野崎隠岐守綱吉命《ノザキオキノカミツナヨシノミコト》

他にも
開運
などの御利益が……

金運

一攫千金の宝くじ当選の御利益を

佐賀 宝当神社《ほうとうじんじゃ》

神社創建後、製塩業で島が潤ったため「宝当」の名で呼ばれるようになったのだとか。社殿の壁には宝くじ当選のお礼状がたくさん。

神社の方からのメッセージ

神様の間近で金運の運気を感じてください!

より神様の近くでお参りができるよう、当社では、靴を脱いで社殿の中に上がって参拝いただいています

参拝前に近くの商店で宝当袋を買いましょう。袋の口をあけ、神社周辺の空気をすくい、ギュッと口を縛ります。この空気には金運上昇の運気が含まれているといわれているそうです。お参りする人たちの「宝くじを当てるぞ」という熱意がすごい。金運がアップしそうなお守りもたくさん。帰路は裏参道を歩き、御祭神が眠るパワスポをとおります。帰宅後、宝当袋はタンスや本棚に祀りましょう。

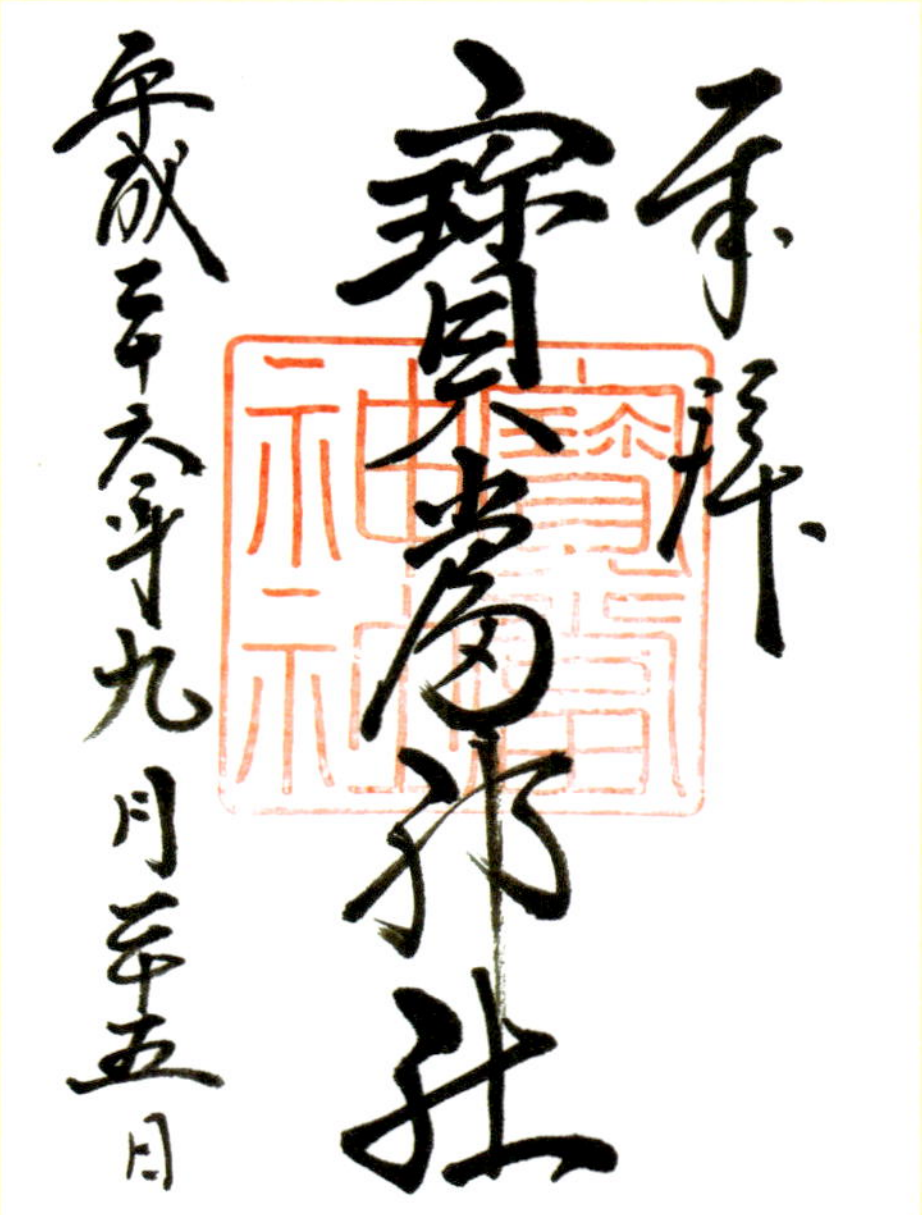

墨書/奉拝、寶當神社　印/寶當神社　●宝当神社の御朱印は、墨書も印も旧字で書かれています。明治34年に「寶當神社」と書かれた鳥居が奉納されてから宝当神社と呼ばれるようになったそうです

御朱印帳

藤花模様の宝当神社オリジナル御朱印帳(1500円)。他に白虎模様もあります

DATA

宝当神社

創建/1586年
本殿様式/不明
住所/佐賀県唐津市高島523
交通/JR筑肥線「唐津駅」下車、徒歩15分の渡船場より、玄海漁協で高島へ。港から徒歩3分
拝観時間/8:00～17:00
拝観料/無料

神社がある高島へは玄海漁協のほか、海上タクシーという小型船も出ています。乗り場が違うので要注意

まだまだ
あります!

金運 神社の御朱印

「金」という字が書かれていたり、鮮やかで大きな朱印が押されていたり、いかにも金運が高まりそうな御朱印がたくさんあります

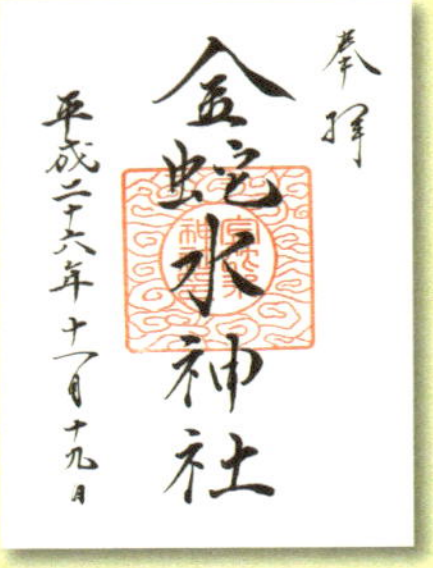

金蛇水神社《かなへびすいじんじゃ》

宮城

岩沼市三色吉字水神 7

御祭神は金蛇大神（カナヘビノオオカミ）という蛇のお姿をした神様。古来、蛇は無限に富を産み出す縁起のいい動物とされ、商売繁昌・金運の御利益を授かるとされてきました。神社名の印は装飾が施されて、きらびやかに感じます。

大前神社《おおさきじんじゃ》

栃木

真岡市東郷 937

御祭神の大国主神（オオクニヌシノカミ）と事代主神（コトシロヌシノカミ）は、七福神の大黒天と恵比寿と同一とされ、御朱印にも「だいこくえびす福の神」と印が押されています。恵比寿は商売繁盛の神。境内若宮の大前恵比寿神社にある巨大な像「日本一えびす様」も必見です。

遠見岬神社《とみさきじんじゃ》

千葉

勝浦市浜勝浦 1

勝浦湾を一望できる明神山に鎮座し、房総半島を開拓した天冨命（アメノトミノミコト）を祀っています。かつて勝浦は勝占と書き、御朱印にも「勝占乃社」と印が押されます。商売繁盛以外には開運・厄除け・縁結びの御利益も。

皆中稲荷神社《かいちゅういなりじんじゃ》

東京

新宿区百人町 1-11-16

江戸時代、「鉄炮組百人隊」の隊士が、この神社のご加護で撃った弾が「皆中」（みなあたる）、鉄砲の名人になったそう。御朱印にも「萬事的中」と黒い印が押されており、宝くじや賭け事が当たることを願って参拝する人も多いとか。

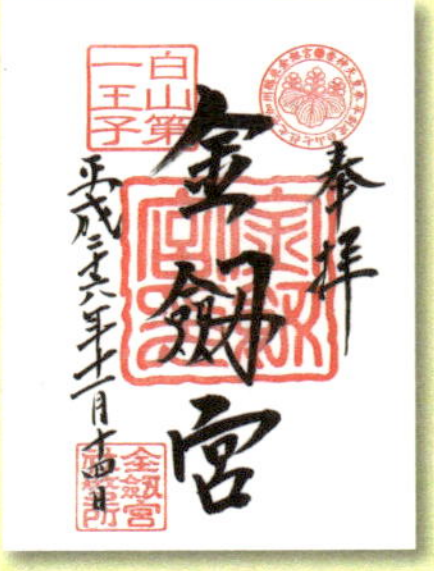

金劔宮《きんけんぐう》

石川

白山市鶴来日詰町巳 118-5

瓊々杵尊（ニニギノミコト）などを祀る神社。事業隆盛、生業繁栄の神社とされ、近年大手コンサル創業者が、金運アップの神社として紹介。全国から参拝されています。また、この地域には「霊峰白山」をあがめる信仰があり、御朱印にも白山四社の中の「白山第一王子」の印が押されています。

金神社《こがねじんじゃ》

岐阜

岐阜市金町 5-3

古くから産業繁栄、財宝・金運招福、商売繁盛の御利益があるとして信仰されてきた神社。隣にある末社の金祥稲荷神社も参拝してダブルで御利益を授かりましょう。御朱印には、社紋を金色で押していただけます。

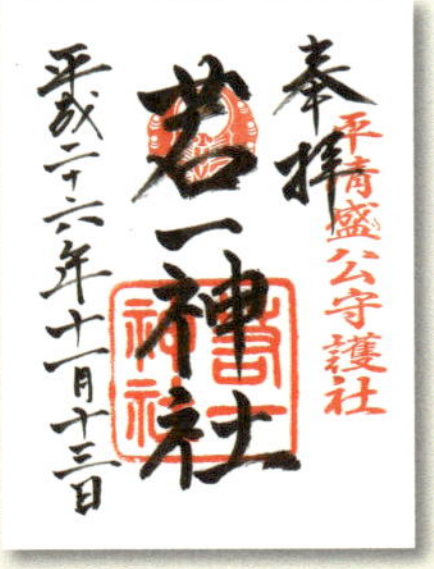

若一神社《にゃくいちじんじゃ》

京都

京都市下京区七条御所ノ内本町 98

御朱印に「平清盛公守護社」とあるように、平家の棟梁であった平清盛が別邸をかまえた地にある神社。清盛が別邸にお社を造り、開運出世を祈願したところ、翌年には太政大臣にまで出世。現在は、金運と開運出世の神様として参拝されています。

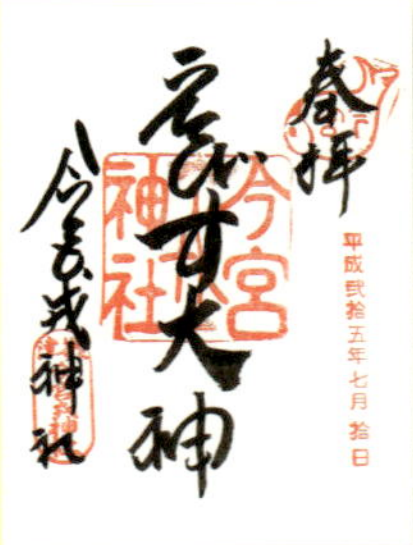

今宮戎神社《いまみやえびすじんじゃ》

大阪

大阪市浪速区恵美須西 1-6-10

事代主命（コトシロヌシノミコト）が七福神の「えべっさん（戎様）」としてあつく信仰されてています。えべっさんは商売繁盛の福神です。御朱印にもえべっさんが釣り上げた鯛の印があります。毎年1月9・10・11日に開催される十日戎は約100万人もの参詣客が訪れるお祭りです。

Part4 美容◆健康

美容や健康の御利益を授けてくれる神様は、
いつだって強い味方です。
参拝すれば心も体もピカピカになれるはず！

◆京都・美容◆健康運up御朱印めぐりコース
河合神社／護王神社／八坂神社

◆橿原神宮（奈良）

◆多賀大社（滋賀）

◆赤城神社（群馬）

まだまだあります！
【美容◆健康】神社の御朱印

京都美容◆健康運up 御朱印めぐりコース

京都を歩いていると、舞妓さんとすれ違うことがしばしば。やっぱり女のコは舞妓さんみたいに、元気でかわいくなくっちゃネ。ということで「ビューティ&ヘルシー」を手に入れるために、さっそくお参りしましょうね。

モテ美人を目指すなら、真っ先に行きたいのが下鴨神社。境内には超ビューティだったと言われる女神様が祀られている河合神社があります。美人祈願の次は健康運祈願をしに京都御所近くの護王神社へ。神社で元気のパワーをもらったら御所を散歩してから、少し歩いて鴨川へ出ましょう。川沿いをブラリと歩けば、やがてにぎやかな四条河原町に出られます。最後の仕上げは八坂神社で心からキレイになるビューティ祈願。祇園に近いから舞妓さんに会えるかも。

河合神社（下鴨神社内）
かわいじんじゃ（しもがもじんじゃない）

女性の守護神、玉依姫命（タマヨリヒメ）を祀っています。ここでは絵馬を奉納しましょう。絵馬は手鏡型で自分が持っている化粧品でメイクを施し、裏に祈願を書きます。メイクした顔が自分の理想顔っていうこと。目がぱっちりで口角がきゅっと上がって……かないますように。

MEMO 自転車でGO!
京都の街にはレンタサイクル店が点在しています。電車だと微妙に歩くし、バスだと渋滞が心配……そんな時は自転車がオススメ！ 美容・健康にもいいですよ

墨書／奉拝、河合神社　印／河合神社
●女性らしいしなやかさを感じる

鏡絵馬
メイクした手鏡型の絵馬がズラリ。スマイルフェイスが並びます

かりん美人水
神社でとれたカリンと御神水を使用。授与所で販売しています

本殿
御祭神のタマヨリヒメは玉のように美しかったといわれ、門前には「日本第一美麗神」の掲示がかかります

DATA
河合神社
創建／不明
本殿様式／流造
住所／京都市左京区下鴨泉川町59
交通／JR「京都駅」から市バス「下鴨神社前」下車すぐ
拝観時間／6:30～17:00
拝観料／無料

護王神社《ごおうじんじゃ》

境内を見ればイノシシだらけ。祈願殿横にはチェーンソーで木の根を彫って制作された「飛翔親子猪《ひしょうおやこいのしし》」像もあります。地元では「イノシシ神社」と呼ばれているというのも納得です。御祭神がイノシシに災難から助けられ、足の難儀が不思議と回復したため、イノシシにあやかって足腰が丈夫になる御利益を授かるとされています。

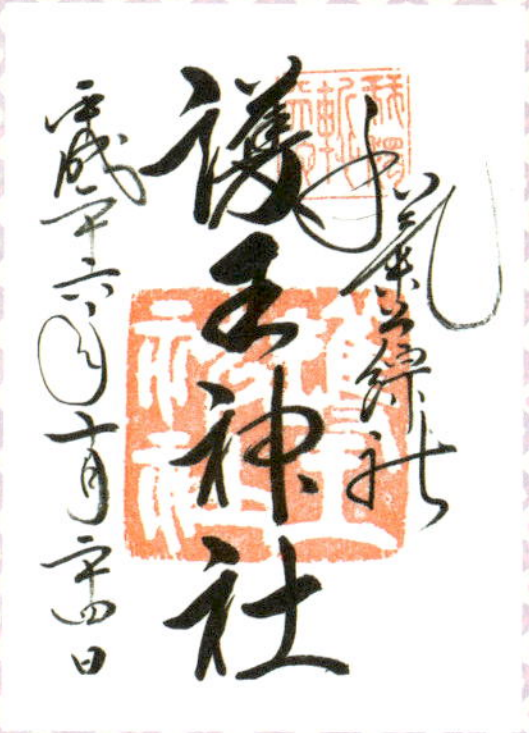

墨書／和氣公綜社、護王神社　印／我独慙天地、護王神社　●和気清麻呂公《ワケノキヨマロコウ》を祀る「和氣公綜社」の文字が

「幸運の霊猪」像
鼻をさすると幸せが訪れるのだとか

足腰御守
足型マークがかわいい。イノシシ級の丈夫な足腰をゲット☆

飛翔親子猪像
翼の生えた神猪が子猪を守る様子を表現しているそう

鳥居
境内には全国から奉納されたイノシシグッズのコレクションも展示されています

DATA

護王神社
創建／不詳
本殿様式／流造
住所／京都市上京区烏丸通下長者町下ル桜鶴円町385
交通／地下鉄烏丸線「丸太町駅」より徒歩７分
拝観時間／6:00～21:00
拝観料／無料

八坂神社《やさかじんじゃ》

舞妓さんの信仰を集めているのが八坂神社の境内にある「美御前社」。美貌の神と言われる三女神を祀っています。社殿の前にある湧水が「美容水」。手にとって肌につけるだけで美肌と同時に心も美しく磨かれるとのこと。

DATA

八坂神社
創祀／斉明天皇2年
本殿様式／祇園造
住所／京都市東山区祇園町北側625
交通／京阪「祇園四条駅」より徒歩5分
拝観時間／自由
拝観料／無料

墨書／奉拝、祇園社　印／八坂神社　●「祇園社」は明治以前に使われていた名称

西楼門
祇園祭で有名な八坂神社は市内のメイン大通りである四条通の東側の突き当たりにあります

美容水
肌につけるのは問題ありませんが、煮沸しても飲用には適しません

美御前社
八坂神社の境内、東側に立ち、女性の参拝が絶えません

主祭神

・神武天皇《ジンムテンノウ》
・媛蹈韛五十鈴媛命《ヒメタタライスズヒメノミコト》

他にも
開運招福
などの御利益が……

生命力と健康のもと、たっぷりチャージ！

奈良 橿原神宮《かしはらじんぐう》

日本建国の聖地に「橿原宮」が畝傍山を背景に
厳かなたたずまいを見せています。

畝傍山《うねびやま》のふもとに約50万㎡という広大な境内が広がり、素木造りの厳かなたたずまいの社殿が建ち並びます。御祭神は、神話から始まる歴史書『日本書紀』に初代天皇と記載されている神武天皇。社殿が立つ橿原は神武天皇が即位し、日本で初めて宮廷を築いた地と伝わります。そこで、この地は日本建国の地、日本文化発祥の地ともされています。神武天皇が127歳までの長寿を健康でまっとうしたという逸話にあやかり、健康長寿の御利益にあずかります。

本殿は京都御所の賢所《かしこどころ》を移築

本殿は1885年（安政2年）に建造された京都御所の賢所を移築した建物で重要文化財に指定されています。賢所は宮中の重要な宝物である神鏡をお祀りしています

境内マップ

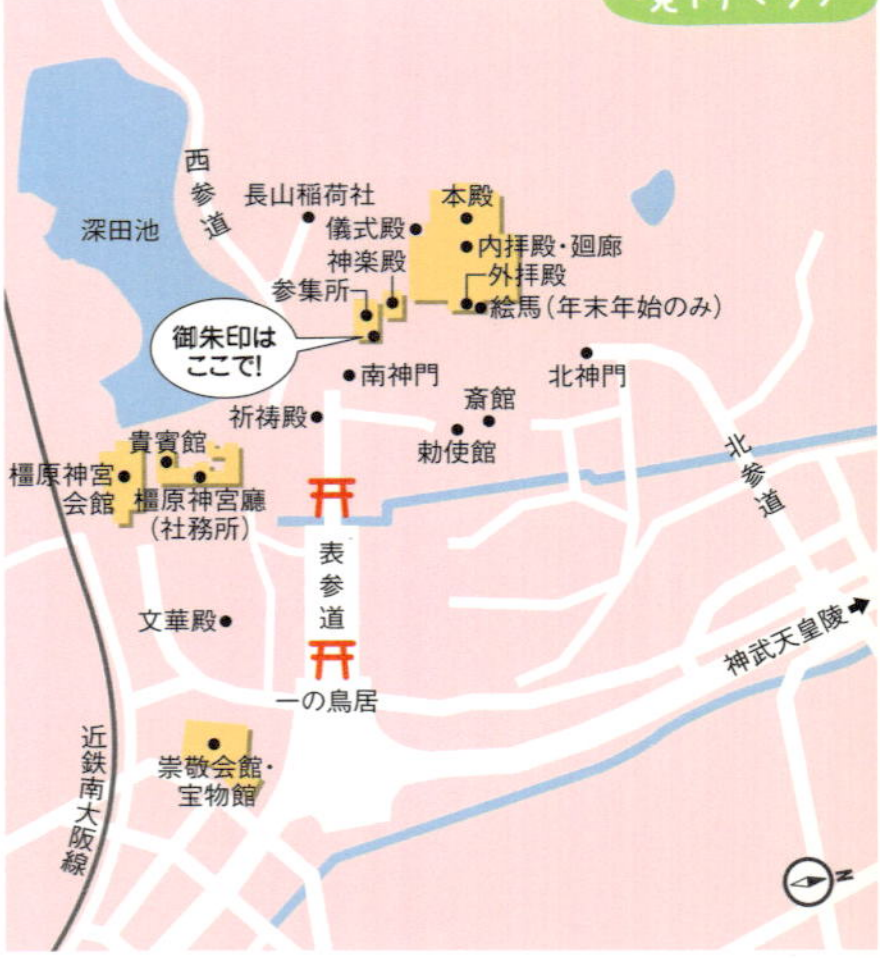

DATA
橿原神宮
創建／1880年
本殿様式／入母屋造
住所／奈良県橿原市久米町934
交通／近鉄「橿原神宮前駅」から徒歩10分
拝観時間／日の出～日没
拝観料／無料

神社の方からのメッセージ

建国の聖地をご参拝ください

橿原は『日本書紀』において日本建国の地と記された聖地。外拝殿は昭和14年に完成した建物で聖地にふさわしい豪壮さがうかがえます。清々しい気持ちで参拝いただければと思います

みんなのクチコミ!!

一の鳥居をくぐってから本殿までは徒歩5分ぐらいかかります。とにかく広い!（よっちゃん）

境内も社殿も、その圧倒的な壮大さに邪念が吹っ飛びました　(puku)

墨書／奉拝　印／橿原神宮　●「橿原神宮」の朱印は印鑑などに多く使用される篆書体と呼ばれる書体です。すっきりした御朱印には由緒ある神社らしい品格が感じられます

橿原神宮御利益スポット

年末年始に飾られる大絵馬が人気

外拝殿前に飾られる大絵馬は日本画家により毎年、制作されます。高さ4.5 m、幅5.4 mもあり、実際に授与される干支絵馬の約1600倍にあたります。皇太子の誕生を記念して昭和35（1960）年から制作されています

橿原神宮授与品

「やたがらす健康守」(500円）は神武天皇を橿原まで道案内したという神様のお遣い・ヤタガラスに健康を守ってもらうお守り

「健脚守」（500円）は祭神の長寿にあやかって、足腰丈夫で長生きしてほしいという願いが込められています

橿原神宮の神事

久米舞

毎年4月29日に昭和天皇の遺徳を偲び、国家の安泰を願う「昭和祭」が行われます。内拝殿前では古代から伝わる久米舞が厳かに奉納されます。

神宮の裏側へ抜けると神武天皇陵があります。周囲約100 m、高さ5.5 mの円丘で周囲にはお堀がめぐらされています

美容・健康

主祭神

・伊邪那岐大神《イザナギノオオカミ》

・伊邪那美大神《イザナミノオオカミ》

他にも
厄除、縁結び
家内安全、交通安全
などの御利益が……

へこんだ生気に蘇りパワーをぐいっと注入

滋賀 多《た》賀《が》大《たい》社《しゃ》

御祭神は日本の神々を生んだイザナギ、イザナミの夫婦神。そこで「いのちの神様」と呼ばれています。健康回復にも力をくれます。

神社の方からのメッセージ

御祭神は「いのちの神様」です

御祭神は八百万の神々をはじめ、あらゆる生命をお生みになりました。この由緒から「いのちの神様」として信仰されています。ご神徳を感じて御朱印をお受けください

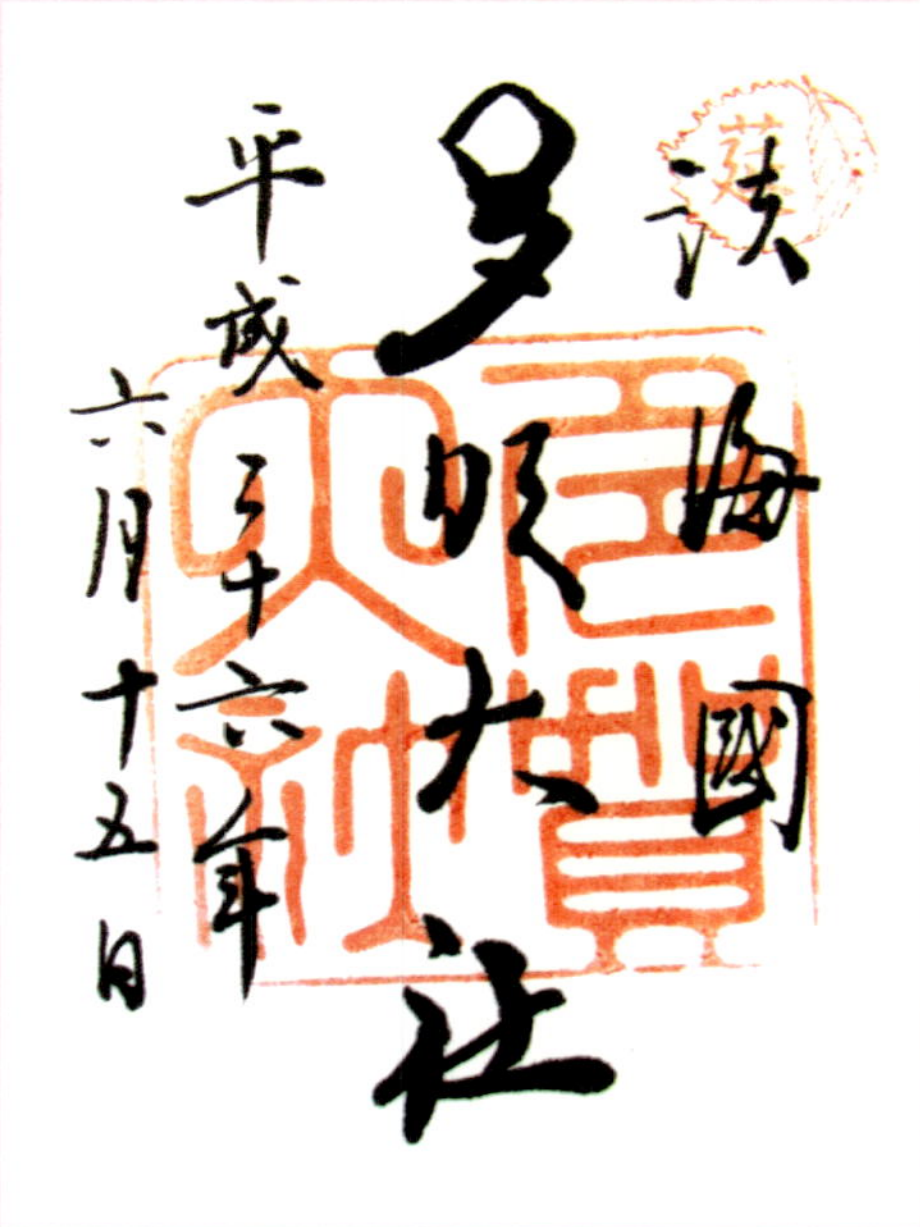

墨書／淡海國、多賀大社　印／神紋の「虫くい折れ柏紋」、多賀大社
●「淡海」と書いて「おうみ」と読みます。「淡海」とは多賀大社が建つ滋賀県のこと。7世紀には「淡海」と言われていたようです

御神門をくぐると真っすぐな参道が拝殿まで続き、広々とした境内には樹木が濃い緑の葉を茂らせています。参道を歩いて行くと穏やかな空気に包まれて、ストレスや日頃のもやもやがすぅーっとクリアになっていく感じ。元気が蘇ります。御祭神は日本の神々を生んだイザナギ、イザナミの夫婦神。そこで「いのちの神様」と呼ばれています。健康回復にも力をくれます。

御朱印帳と御朱印袋

どちらにも神社入口の太閤橋と御神門が鮮やかに描かれています（御朱印帳 1000円、御朱印袋 1000円）

DATA
多賀大社
創建／不明
本殿様式／三間社流造
住所／滋賀県犬上郡多賀町多賀604
交通／近江鉄道「多賀大社前駅」から徒歩10分
拝観時間／自由
拝観料／無料

毎年8月3日～5日に行われる万灯祭は境内に奉納された1万灯を超える提灯に明かりをともすお祭。夏の風物詩です

主祭神

赤城大明神《アカギダイミョウジン》

他にも
開運招福
学業成就
芸事上達
安全祈願などの御利益が……

キレイを目指す女の子に優しい味方

群馬 赤《あか》城《ぎ》神《じん》社《じゃ》

神社は赤城の神様のお遣いのカモが人々に幸せをもたらすため
島になったという「神道集」伝説の地「小鳥ヶ島」に建っています。

神社の方からのメッセージ

女性神職がご奉仕しています

常に清潔に、気持ちよく参拝いただけますよう心がけています。女性の願いがかなう神社として女性の神職・巫女がご奉仕します

神社は赤城山頂上の大沼湖《おのこ》に浮かぶ小島に建っています。「当社は赤城山の神様と湖の神様アカギダイミョウジンをお祀りしています。湖の神様は赤城姫というきれいなお姫様。ですから女性のどんなお願いにも力を与えてくれますよ」と女性の神職に言われました。キレイになって良縁を得たいというお願いも、もちろん大丈夫です。御朱印は本殿に向かって右側の授与所で書いていただけます。

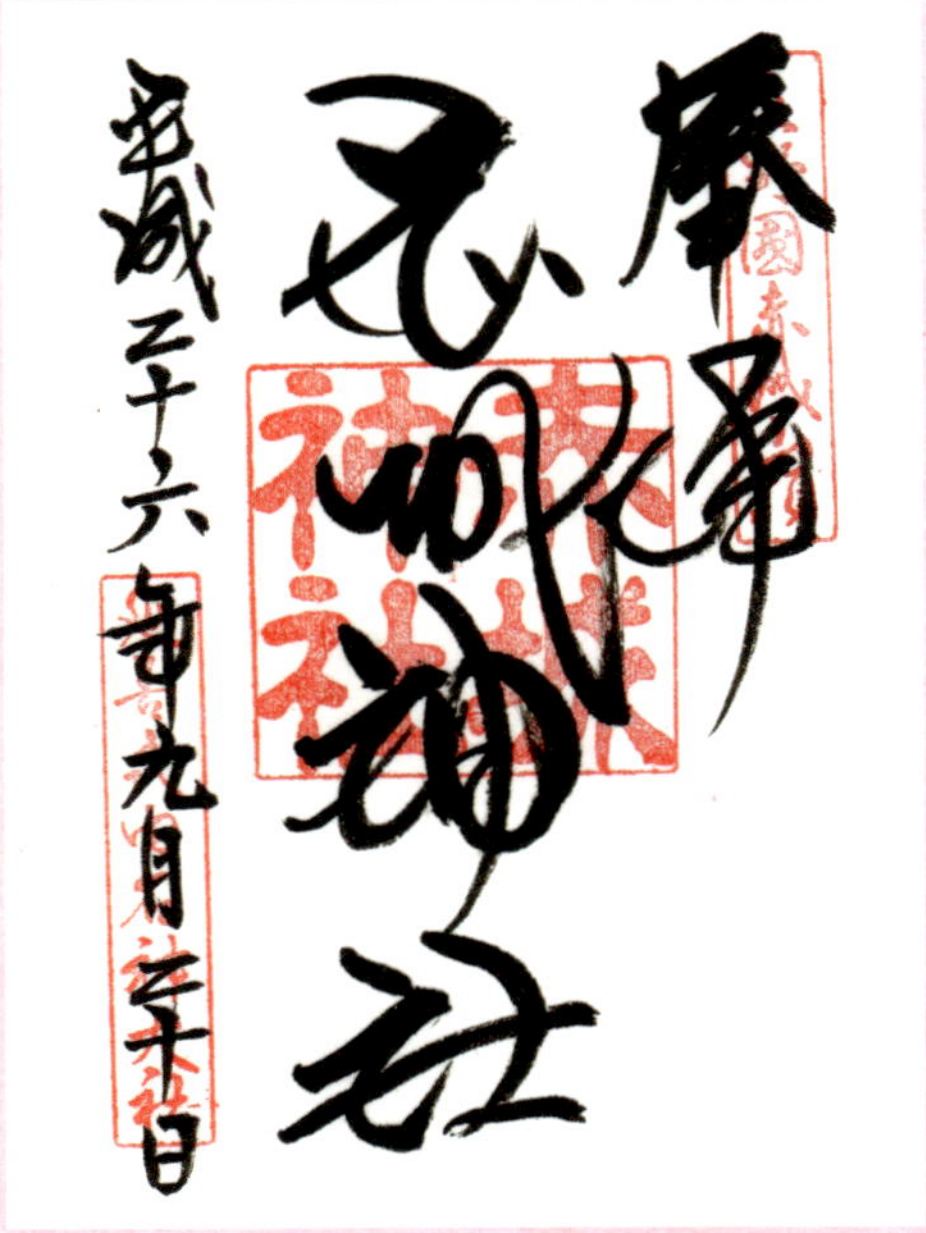

墨書／奉拝、赤城神社　印／上野國赤城山頂、赤城神社、延喜式内名神大社　●女性に優しい神様の御朱印らしく、とても華やかで、踊るようなリズム感のある墨書

御朱印帳

鮮やかな社殿が表紙。表紙裏と裏表紙の裏には赤城山の四季を写した写真と織込み柄、ほかに十二単衣のお姫様が織られたものも。全５種（1500円～）

DATA
赤城神社
創建／不明
本殿様式／権現造
住所／群馬県前橋市富士見町赤城山小鳥ヶ島
交通／JR「前橋駅」から関越交通バス終点の富士見温泉駅乗り換え、赤城山行きで赤城広場下車
拝観時間／日の出より日没まで
拝観料／無料

大沼湖は、標高 1345 m。カルデラ湖で最深部は 16.5 m。神社には湖畔から朱塗りの橋が架かっています

まだまだあります!

美容◆健康 神社の御朱印

長寿をイメージさせる鶴亀やかわいいウサギを配するなど御利益を表現した御朱印が多くみられます

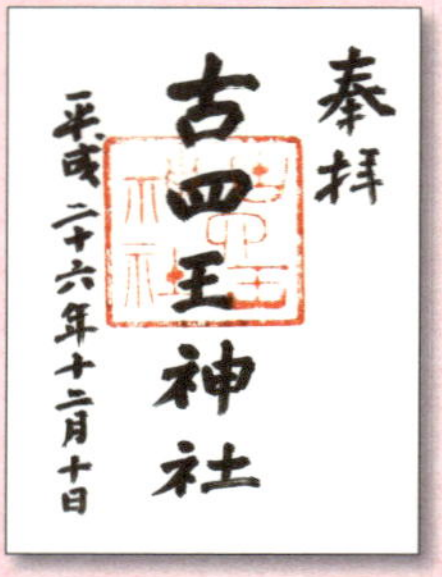

古四王神社《こしおうじんじゃ》

秋田

秋田市寺内児桜 1-5-55

古くから眼病の御利益を授かるといわれています。神社近くの「目洗いの水」と呼ばれる井戸水で目を洗い古四王神社を３回まわると、目がよくなるという言い伝えも。御朱印はシンプルですが、印の書体が特徴的です。

第六天榊神社《だいろくてんさかきじんじゃ》

東京

台東区蔵前 1-4-3

健康長寿の神様・榊皇大神（サカキノスメオオカミ）をお祀りしています。天照大神（アマテラスオオカミ）の祖父母というからその力は絶大。御朱印の墨書と印のバランスがよく、鶴と亀の印も縁起がいいですね。

居多神社《こたじんじゃ》

新潟

上越市五智 6-1-11

戦国大名・上杉謙信からも崇敬された、格式高い神社。大国主命（オオクニヌシノミコト）を祀っていることから、子宝・安産・縁結びの御利益があると言われています。御朱印にもあるとおり、越後の国の一ノ宮です。

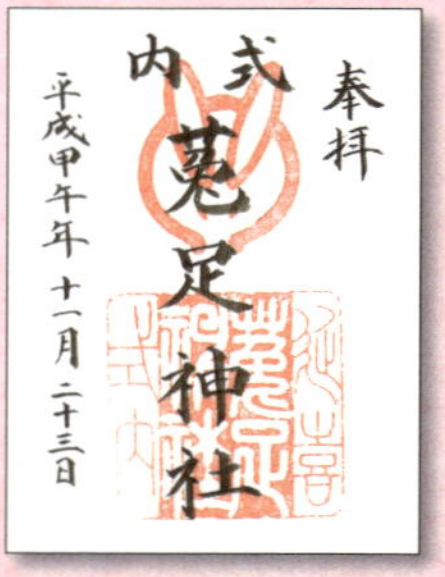

菟足神社《うたりじんじゃ》

愛知

豊川市小坂井町宮脇 2

4月の第２土・日曜日は菟足神社の例祭"風まつり"が開催されます。ここで売られる伝統的な民芸品の風車は、「無病息災でお金がよく回る」という縁起物です。御朱印にはかわいらしい兎の印を押していただけます。

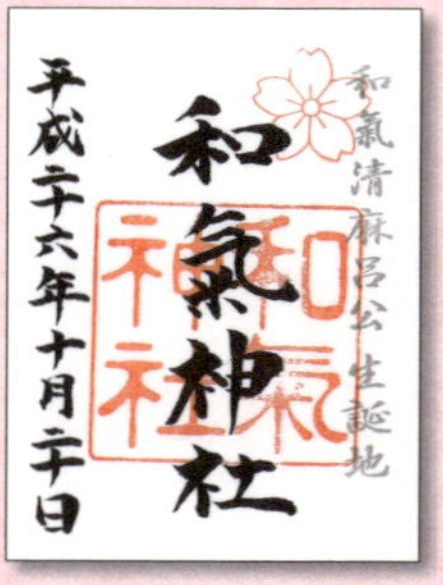

和氣神社《わけじんじゃ》

岡山

和気郡和気町藤野 1385

御祭神は平安遷都に貢献した貴族の和氣清麻呂公。御朱印にもあるとおり、和気は彼が生まれた場所。神社には狛犬ならぬ「狛イノシシ」が！　イノシシが歩けなくなった清麻呂公を泉まで案内して治したことから、足腰の守護神としてあがめられています。

御霊神社《ごりょうじんじゃ》（上御霊神社）

京都

京都市上京区上御霊前通烏丸東入上御霊竪町 495

天変地異や疫病の流行が祟りによるものと考えられていた時代に、御霊会（災いを取り除くための儀式）を始めた神社。病気平癒・厄除けの御利益を授かります。墨書の「かみごりょう」というフリガナがあたたかみを感じさせます。

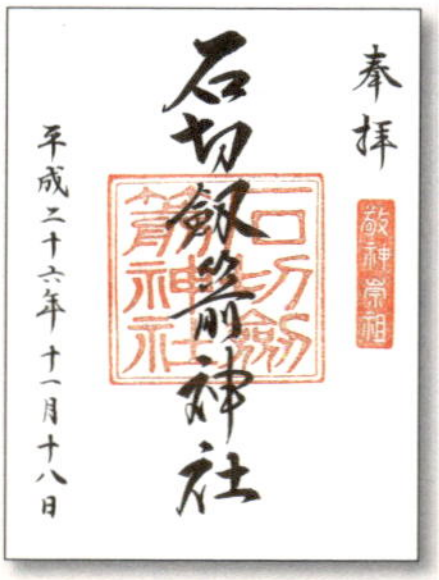

石切劔箭神社《いしきりつるぎやじんじゃ》

大阪

東大阪市東石切町 1-1-1

病気平癒の御利益を授け、"石切さん""でんぼ（腫れ物）の神さん"として長く関西の人々に親しまれてきました。御朱印の右側にある「敬神崇祖」とは、「神を敬い祖先をあがめる」という意味の日本人の宗教観を表した言葉です。

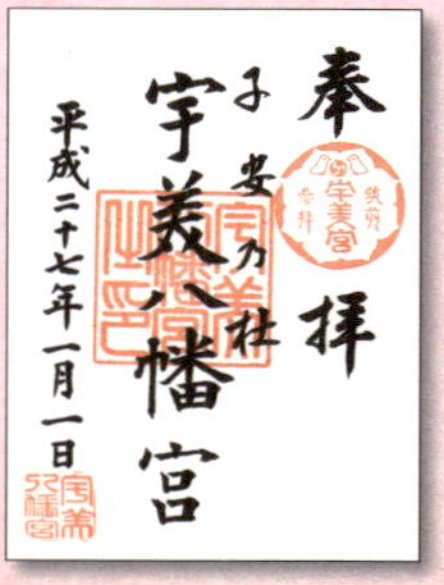

宇美八幡宮《うみはちまんぐう》

福岡

糟屋郡宇美町宇美1-1-1

「子安大神」とも称され、安産・育児の守護神として古くから崇敬されている神社です。「子安の石」は妊婦が"安産の鎮め"として持ち帰り、無事に出産したら安産御礼のお宮参りにお返しするのが習わしです。ちなみに「宇美」という地名も「産み」に由来しているそうです。

Part5 仕事・学業

会社や学校で、がんばる人の背中を
押してくれる神様がいらっしゃいます。
パワーをいただいて、商売繁盛・学業成就の
道を切り開きましょう。

- 鹿島神宮（茨城）
- 北野天満宮（京都）
- 太宰府天満宮（福岡）
- 北海道神宮（北海道）
- 愛宕神社（東京）
- 湯島天満宮（東京）
- 武田神社（山梨）
- 上新田天神社（千里天神）（大阪）
- 豊國神社（京都）
- 波上宮（沖縄）

まだまだあります！
【仕事・学業】神社の御朱印

主祭神

武甕槌大神《タケミカヅチノオオカミ》

他にも
国家鎮護、開拓
武道、商工業
交通安全、安産
縁結び、農漁業
などの御利益が……

独立スタートを神様がしっかりサポート

茨城 鹿《か》島《しま》神《じん》宮《ぐう》

創建は太古、紀元前と社伝にはあります。本殿、幣殿、拝殿は1619年、2代将軍・徳川秀忠が寄進したもので重要文化財です。

参道入口に立つ木造の大鳥居は境内に自生する杉の大木を使って建造したそうです。社殿を囲む森は600種以上の巨木が茂る緑深い自然林。ですから、境内に入ると樹木の清々しい香りがして、心身ともにすっきりします。御祭神は平和を乱すものを打ち破る力を持つ神様。そこで古くから武人に崇拝されてきました。また、困難を克服する力もいただけるので「何かをスタートするときにお参りするとパワーを与えてくれる神様です」と神社の方はいいます。

ナマズの頭を押さえる要石

地中に埋まっている要石が地震を起こすナマズの頭を押さえていると信じられてきました。石を掘ろうとするとけが人が続出。諦めて、今は大切に祀られているという話が残っています

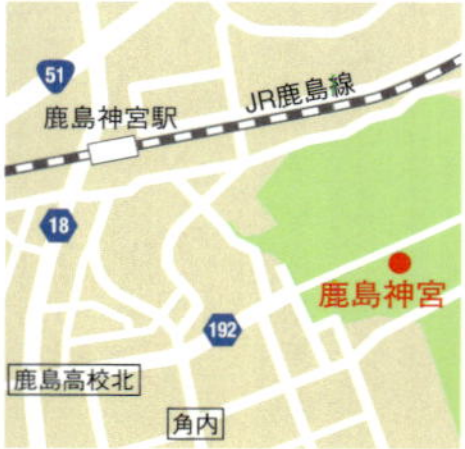

DATA
鹿島神宮
創建／紀元前660年
本殿様式／三間社流造
住所／茨城県鹿嶋市宮中2306-1
交通／JR鹿島線、鹿島臨海鉄道「鹿島神宮駅」より徒歩7分
拝観時間／自由
拝観料／無料

境内マップ

神社の方からのメッセージ

神域の美しさは地域ぐるみで守られています

鹿島神宮では境内の掃き清掃が毎日実施されております。当神宮の神職や職員はもちろんですが、鹿島神宮を深く信仰する地域の方たちや境内にある道場で剣道を学ぶ子供たちをはじめとする多くの皆さんがボランティアで清掃に参加していただいています

みんなのクチコミ!!

鹿島神宮を囲む広大な森林は夏でもひんやりしており森林浴も楽しめます。もちろん神社自体も荘厳な趣があり、パワースポットとしてもおすすめ！（ヨッシー）

御手洗池そばのおそば屋さんはおいしいです。鹿島アントラーズが毎年必勝祈願に来ているらしいですよ（えり）

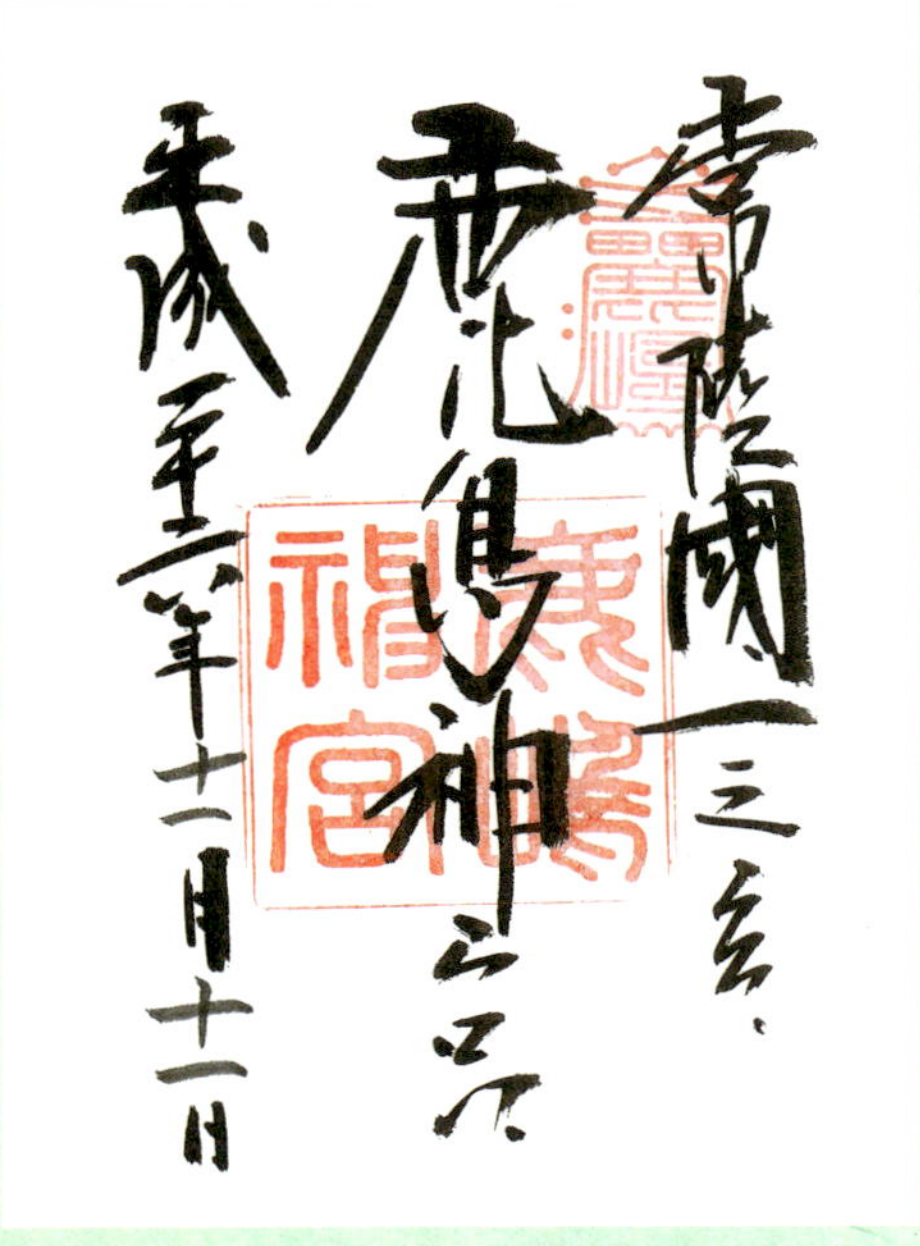

墨書／常陸國一之宮、鹿島神宮　印／鹿嶋、鹿嶋神宮

●“常陸”とは茨城県の古名。7世紀の記録に“常陸”とありますから、かなり古くからこう呼ばれていたようです

鹿島神宮御利益スポット

澄んだ水が湧く御手洗池

鹿島の森が育んだキレイな水が湧き出ています。澄んだ水は水底までが見えるほど。昔は参拝前に、この池に浸かり、心身を清めたといいます

鹿島神宮授与品

御朱印帳（1000円）の表紙は江戸時代初期の建立で重要文化財に指定の楼門です

「鹿島立守」（800円）は独立や卒業など旅立ちの成功を祈願する出世開運のお守り

鹿島神宮の神事

式年大祭御船祭

御船祭は12年に一度、毎年9月上旬に行う華麗な大祭です。お神輿を載せた華麗な御座船が約80隻の供船を従え、神社近くの大船津から鰐川を進み、香取市の加州まで、約2時間をかけて行き来します。大祭らしい迫力ある水上《すいじょう》神輿《みこし》渡御《とぎょ》です。

よくお守りを何種類か持つと神様がケンカするといいますが、神様同士は仲良し。ですから、これは俗説です。古いお守りは神社に返し、お祓い、お焚き上げしてもらいましょう

主祭神

菅原道真公《スガワラミチザネコウ》

他にも
技芸上達、厄除
雷除、農業
などの御利益が……

祈願はシンプル！　頭脳明晰になりますように

京都 北《きた》野《の》天《てん》満《まん》宮《ぐう》

全国におよそ1万2000社あるという天満宮の総本社。
国宝の社殿、重要文化財の三光門などが建ち並びます。

境内は修学旅行生や受験生でにぎやかです。御祭神は「天神さま」と親しまれ、学問の神様と信仰される平安時代の秀才・菅原道真公。本殿参拝後、さらに頭脳明晰になりたいなら、境内各所にある牛の像を撫でること。牛は道真公が丑年生まれ、ほか諸説にちなみ、お使いとされています。どの像も伏せた姿ですが、唯一、立っている牛がいます。拝殿の天井近く欄間にある彫刻です。その理由は「北野の七不思議」のひとつとされています。

学生さんは熱心に参拝

修学旅行生にはクラス単位で本殿に上がり合格祈願などをする、特別昇殿参拝を行っています

DATA

北野天満宮

創建／947年
本殿様式／八棟造
住所／京都府京都市上京区馬喰町
交通／京福電車「北野白梅町駅」から徒歩5分
参拝時間／4～9月5:00～18:00
10～3月5:30～17:30
受付は9:00～17:00
参拝料／無料

神社の方からのメッセージ

受験生の参拝があとを絶ちません

毎年全国から足を運んでいただきますが、特に受験生や学生さんの参拝があとを絶ちません。参拝が皆さんの心の支えとなり、祈願が成就することを日々願っています

みんなのクチコミ!!

天満宮近くの和菓子「長五郎餅」のお餅がグッドです。毎月25日には境内にも出店します　（みなみ）

11月に参拝したのですが、紅葉のライトアップがすばらしく、感動しました　（チェリー）

墨書／奉拝　印／梅紋、北野天満宮
●梅の紋は梅の花を図案化したものですが、梅紋は花芯のあるもの、八重の梅などさまざまな種類があります

北野天満宮御利益スポット

どっしりとした神牛の描かれた絵馬は祈願を書くサインペン付き（600円）

願いがかなう一願成就の牛舎

境内の北西には牛の石像を祀る一願成就の牛舎と言われる祠があります。祈願をひとつかなえてくれるというありがたい石像です。こちらは絵馬掛所でもありますので、心を込めて絵馬を書いて奉納しましょう

境内唯一の立ち牛

立ち牛の彫刻がある拝殿は1607年に豊臣秀頼が造営したもの。極彩色の華麗な彫刻が施され、国宝に指定されています

牛のほかに亀もいます

境内には亀に似た亀石もあります。こちらは撫でながらお願いすると祈願がかなうといわれ、ここからも合格のパワーが頂けるとか

北野天満宮授与品

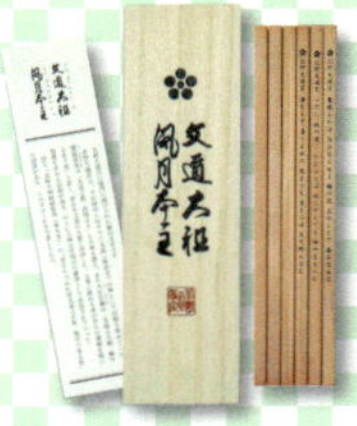

道真公の御歌入り学業成就鉛筆（800円）を使えば、試験問題の解答もスラスラ！？

「学業守」（1000円）のお守り袋は、紅梅と白梅をあしらったデザイン。学生さんは必携

境内の梅苑の公開は2月上旬～3月下旬まで。毎年12月25日に行われる「終い天神」は境内に多くの露店が出てにぎわう年末の恒例神事

主祭神

菅原道真公《スガワラミチザネコウ》

他にも
至誠、厄除け
などの御利益が……

楽しく参拝、学力向上。合格一直線！

福岡 太《だ》宰《ざい》府《ふ》天《てん》満《まん》宮《ぐう》

全国天満宮の総本社。御祭神は平安貴族で政治家としても優秀だった菅原道真公。境内には約 6000 本の梅があります。

参道には名物・梅ケ枝餅《うめがえもち》を売る店がずらっと並び、お餅を焼くいい匂いが漂います。食べたい気持ちをぐっと抑え、まずは参拝。案内所の先には牛の像・御神牛。撫でると智恵を授かるとされているのでていねいに撫でてください。池を渡れば楼門、その先に堂々とした構えの本殿があります。学問の神様と言われる菅原道真の墓所に建っているだけに、学力向上の御利益はピカイチ。あらゆるテストや受験の御利益を授け、合格した人のお礼参りが多いそうです。

橋を渡って心を清める

心字池に架かる橋はふたつの太鼓橋と平橋の3つ。橋を渡り、水の上を歩くことで心身が清められると言われています。心字池は池が「心」の字形なので、こう呼ばれます

DATA

太宰府天満宮

創建／ 903 年
本殿様式／五間社流造
住所／福岡県太宰府市宰府 4-7-1
交通／西鉄「太宰府駅」から徒歩 5 分
拝観時間／ 6:00（冬期 6:30）～ 20:00
（9 月～ 5 月～ 19:00）
拝観料／無料

神社の方からのメッセージ

清々しい気持ちになってもらえるよう、笑顔と真心で

参拝者の皆さんがすがすがしい気持ちでお参りいただけるよう、境内の清掃はもちろん、笑顔と真心を持った応対を常に心がけています。「またお参りに来たい」と思っていただければ幸いです

みんなのクチコミ!!

参道には梅ヶ枝餅を売るお店が並びます。どの店も焼きたてで、ホカホカしておいしかった　(とび)

楼門を出て裏へ回ると筆塚や包丁塚などがあります。この辺りは参拝客も少なくゆっくりできます　(ふくちゃん)

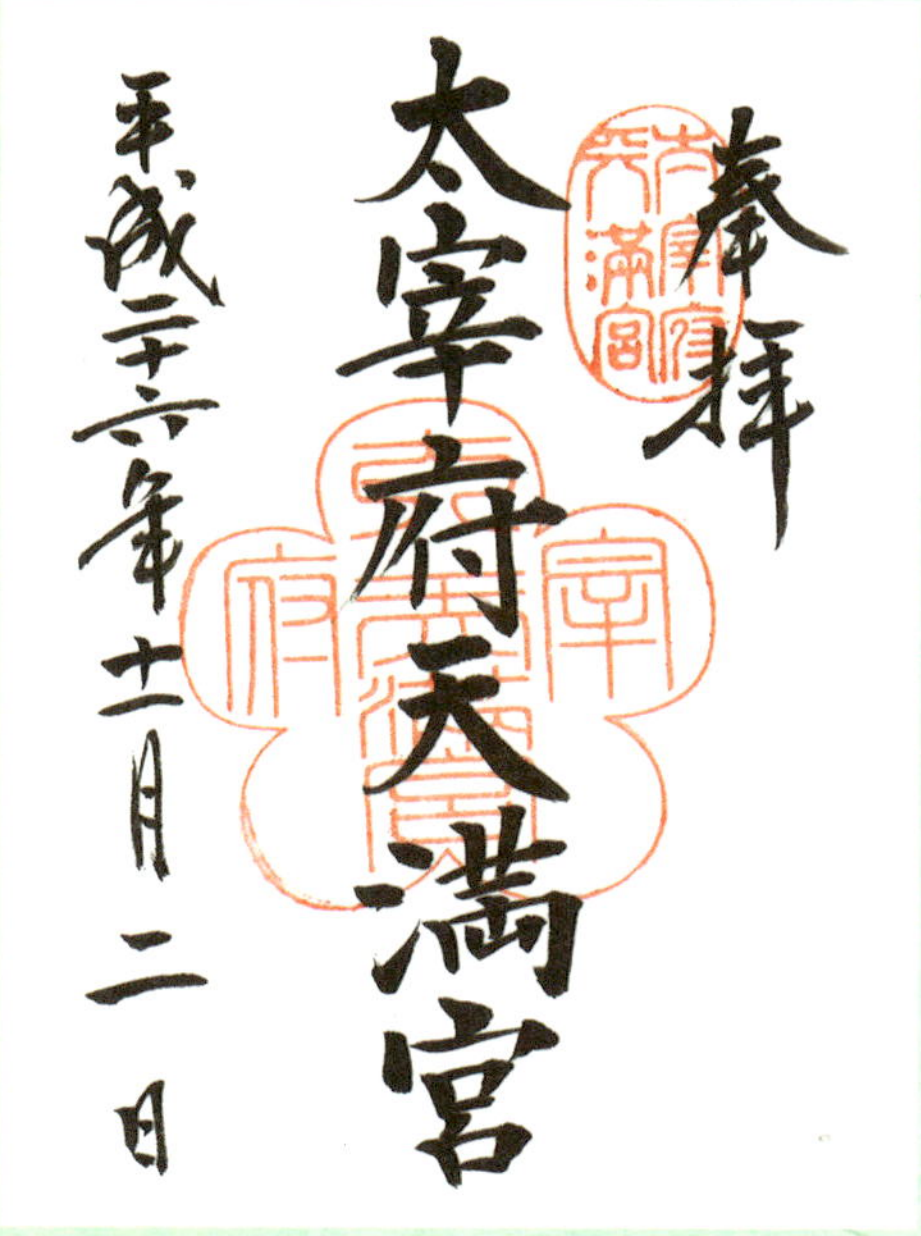

墨書／奉拝、太宰府天満宮　印／太宰府天満宮、宰府天満宮
●中央の印は社紋でもある梅をかたどっています。宰府とは神社の建つ場所のこと。御朱印は本殿左横で授与されます

太宰府天満宮御利益スポット

智恵を授かる御神牛

境内には牛の銅像、石像などが数多く奉納されていますが、古いものでは江戸時代に奉納された像もあります。境内入口にいる、この御神牛は体の同じ部分を触るとそこがよくなるという信仰があります

夫婦のような
夫婦樟《めおとくす》

二本の大樟が夫婦のように寄り添っていることから呼ばれている御神木です。生きる活力を与えてくれる自然の力がみなぎっています

九州最古のお稲荷さん

本殿の裏側を歩くと「天開稲荷社」があります。運気がぐんぐん上昇するといわれる神様です。干支の名前を書いた12本の鈴があるので、自分の干支を鳴らしてお参りしましょう

太宰府天満宮授与品

学業きんちゃくお守り（1000円）はストラップがついたお守り。他に水色、黄色、桃色あり

御朱印帳（1500円）の表紙は梅園で有名な天満宮らしく梅のデザイン

梅ヶ枝餅はもち米とうるち米で作った餅の中に小豆あんを入れて焼いたお菓子。お店により、餅にヨモギを入れるなど工夫がいろいろ

仕事◆学業

主祭神

・大國魂神《オオクニタマノカミ》
・大那牟遅神《オオナムチノカミ》
・少彦名神《スクナヒコナノカミ》
・明治天皇《メイジテンノウ》

他にも
恋愛
勝負運
などの御利益が……

難関チャレンジを神様たちが全力応援

北海道 北海道神宮《ほっかいどうじんぐう》

新しい一歩を踏み出すときにお参りするのがおすすめ。
気品のある御朱印帳にもどこか堂々たる雰囲気が。

神社の方からのメッセージ

御朱印をお求めになる女性が増えています

ここ2、3年で御朱印を集めている方、特に女性が増えています。掛け軸に御朱印が欲しいという方もいました。全国からたくさんの参拝者をお迎えするので、施設の整備などにも努めています

北海道は本州から、大勢の開拓民が入り、未開の原野に田畑を開きました。荒野を耕すのは困難の連続。前に進むフロンティアたちを災害から守り、励まし、力を与えてきたのが北海道神宮の神様たち。そんな神様チームだから、入社試験、難関校突破、資格試験など、夢に向かって挑戦する人の心強い味方になってくれます！　御朱印にもそんな力強さが感じられます。

墨書／奉拝、北海道神宮　印／北海道総鎮守、北海道神宮
●"北海道"という名称は明治時代になってから。"総鎮守"の印には一ノ宮の誇りがうかがえます

御朱印帳

社殿をデザインした表紙はパステルカラーで上品な趣きある御朱印帳（1000円）。同じデザインの御朱印袋もあります

DATA
北海道神宮
創建／1869年（明治2年）
本殿様式／神明造
住所／北海道札幌市中央区宮ヶ丘474
交通／市営地下鉄「円山公園駅」から徒歩15分
拝観時間／4～10月　6:00～17:00
11～1月　7:00～16:00
他に秋季、正月三ヵ日などは異なる
拝観料／無料

北海道に夏の訪れを告げるのが6月中旬に行われる例祭。市内を、神輿4基を中心に約1200人の華麗な行列が続きます

主祭神
火産霊命《ホムスビノミコト》

他にも
防火、防災
家内安全、良縁
IT、印刷
などの御利益が……

仕事◆学業

「男坂」上って目指そう！ 仕事のテッペン

東京 愛宕《あたご》神《じん》社《じゃ》

神社が位置するのは標高約 26 mの愛宕山の頂上。
社殿へは傾斜約 40 度、86 段の急な石段を上ります。

神社の方からのメッセージ

願いをかなえた方が多くいらっしゃいます
役職が上がったなど、お願いをかなえられてお礼参りに見える方などがたくさんいらっしゃいます。皆さまの「心の氏神様」として末永いおつきあいを心がけております

鳥居の先に延びるのは急な石段、別名「男坂」。キャリアアップを目指すなら、この「男坂」を上りましょう！　この坂は江戸時代、馬で駆け上がって出世した侍の故事から「出世の石段」とも呼ばれています。この階段を一気に上ると出世につながるとか。参道を進むと社殿の少し手前に「招き石」があります。石を撫でると福を招くので、ていねいに撫でましょう。

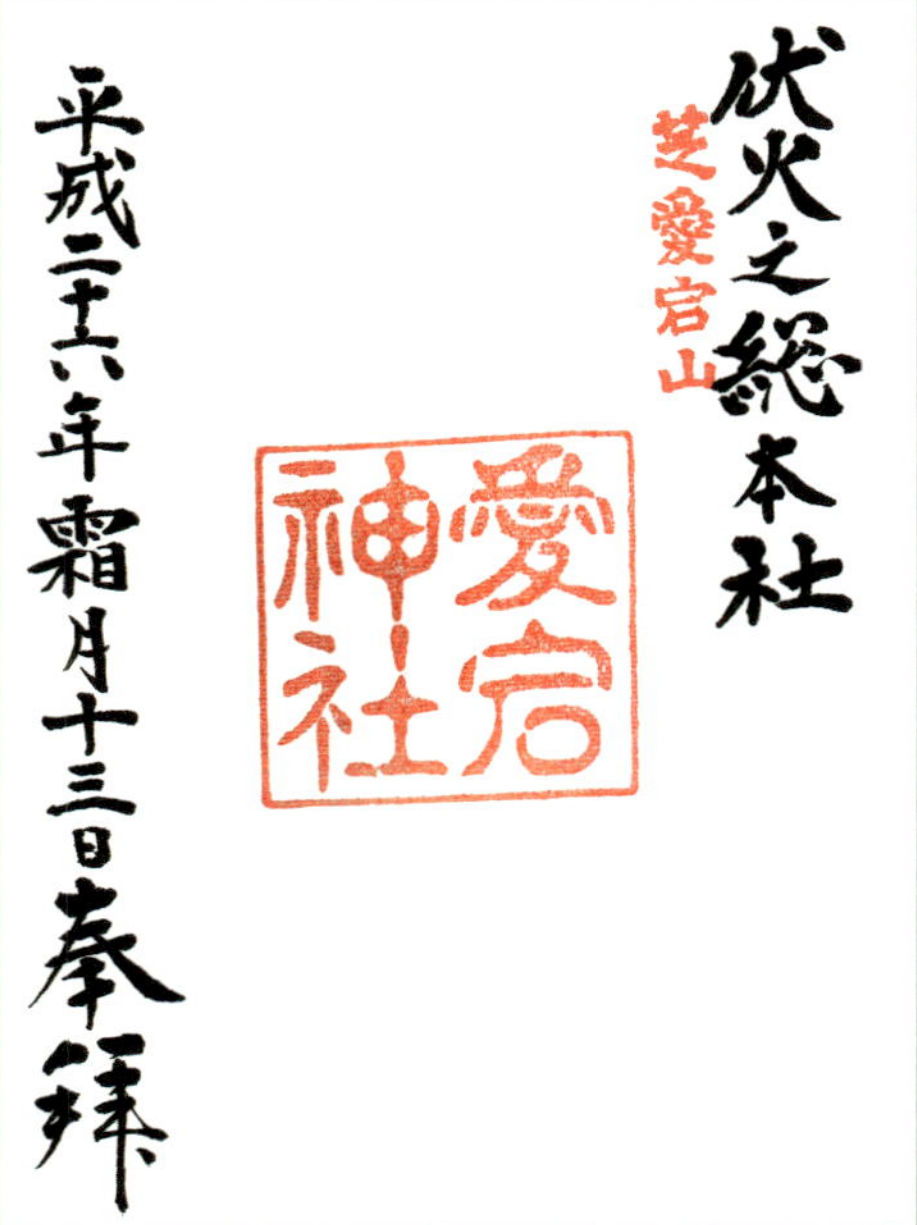

墨書／伏火之総本社　印／芝愛宕山、愛宕神社
●“伏火”とは防火、防災の御利益を表しています。“芝”は神社の建つ“港区”が江戸時代には“芝”と呼ばれていたことに由来します

御朱印帳

「出世の石段」とも呼ばれる急な階段が表紙を飾ります。9 月の大祭（隔年）では神輿もあがります（1300 円）

DATA
愛宕神社
創建／ 1608 年
本殿様式／神明造
住所／東京都港区愛宕 1-5-3
交通／地下鉄日比谷線「神谷町駅」から徒歩 5 分、地下鉄銀座線「虎ノ門駅」から徒歩 8 分
拝観時間／自由
拝観料／無料

愛宕山には NHK の放送博物館があり、過去のテレビ番組が無料で視聴できる番組公開ライブラリーがあります

御祭神

・菅原道真公《スガワラミチザネコウ》

・天之手力雄命《アメノタヂカラヲノミコト》

他にも開運
などの御利益が……

受験直前。駆け込み祈願も対応可能！

東京 湯《ゆ》島《しま》天《てん》満《まん》宮《ぐう》

江戸時代には、多くの文人・学者が訪れた境内は毎年受験シーズンには境内が受験生でいっぱいになります。

神社の方からのメッセージ

ご祈願の内容によって絵馬が異なります

絵馬ですが１年の前半は干支、後半は「牛に乗られた天神様」の絵柄を授与しています。学業の御祈祷には「牛」の絵柄、そのお礼参りの際には絵馬の絵柄はダルマです

受験合格に絶大な威力を発揮する御祭神です。受験と言っても、資格試験から難関大学、名門幼稚園お受験まで、ありとあらゆる合格をサポート。お守りでイチ押しは「学業成就鉛筆」です。一本一本の軸にはまさに受験生のココロに響くメッセージ入り。例えば「自信は努力から」とか。神様のエールがどの鉛筆からも伝わってくるようです。

墨書／奉拝、湯島天満宮　印／湯島天満宮印

●「湯島天満宮」は正式名称です。「湯島天神」は、江戸時代から一般に親しまれてきた通称

授与品

「学業錦守」（800円）は錦で織ったワンランク上のお守り袋。合格祈願には欠かせないお守り

DATA

湯島天満宮

創建／458年
本殿様式／権現造
住所／東京都文京区湯島3-30-1
交通／地下鉄千代田線「湯島駅」から徒歩2分、JR「御徒町駅」から徒歩8分
拝観時間／6:00～20:00
拝観料／無料

湯島天神は江戸時代から梅の名所として有名。境内には樹齢70～80年の梅約300本があります。8割が白梅で開花は2月中旬から

御祭神

武田晴信命《タケダハルノブノミコト》

他にも家内安全
などの御利益が……

ビジネス・試験のビクトリー・ロード

山梨 武田神社《たけだじんじゃ》

御祭神の武田晴信（信玄）公は連戦連勝を重ねた戦国武将。同時に治水工事や農業・商業の隆盛にも力を注ぎました。

神社の方からのメッセージ

必勝祈願のお礼参りが絶えません

武道やスポーツを行う方々が全国より必勝祈願にみえ、お礼参りが絶えません。「姫の井戸」は水そのものに延命長寿・万病退散の御利益を授けるとされ、お水取りの参拝者が多数いらっしゃいます

歴史好きや、戦国ファンは、参拝したくなるはずです。それは御祭神が甲斐の英雄、武田信玄公で、神社のある場所は武田家三代が住んだ館の跡地だからです。そのうえ、信玄の娘さんが誕生した際に産湯に使った「姫の井戸」があり、その井戸水を持って帰れます。御朱印にも「風林火山」の印があります。御利益は信玄ですから、ズバリ試験やライバルに勝てる勝運です。

墨書／奉拝　印／風林火山の軍配、武田神社、龍の印

●「風林火山」は武田軍が軍旗に示した言葉です。また軍配とは合戦などで軍を指揮する団扇です

御朱印帳

表紙には武田家の家紋「武田菱」と鎧兜がデザイン。裏には富士山と軍配の絵柄になっています（1200円）

DATA

武田神社

創建／1919年
本殿様式／流造
住所／山梨県甲府市古府中町2611
交通／JR「甲府駅」から山梨交通バス「武田神社」行きで8分
拝観時間／自由
拝観料／無料（宝物殿は大人300円）

境内の「三葉の松」は葉の枚数が三枚で秋には黄金色になることから、葉を拾ってお財布に入れておくと金運に恵まれるという

仕事◆学業

主祭神

菅原道真公《スガワラミチザネコウ》

他にも家内安全
交通安全、厄除開運
などの御利益が……

現状からの独立に、たっぷりパワー充電

大阪 上新田天神社《かみしんでんてんじんしゃ》(千里天神《せんりてんじん》)

大阪では「千里の天神さん」の名で親しまれ、合格祈願の受験生も数多く訪れるところ。干支の絵柄の大絵馬が人気です。

神社の方からのメッセージ

ご参拝でよりよいスタートをおきりください

古くより新規開拓の神様として尊崇されております。新規で事業や商売を始める際や、新生活の開始に際してお参りをされて、よりよいスタートをきられることをおすすめします。年末から飾られる翌年の干支の大絵馬も評判です

「神社が立つ上新田は400年前から新田開発が行われ、日本初の試みだった千里ニュータウンという町の造成に成功したところです。ですから、起業、新規開発に御利益を求め多くの参拝者がお越しになります」と神社。ビジネスだけではなく、親から独立、組織から独立、フリーターから正社員として就職するなど、現状打破を考えている人にも大きなパワーがもらえます。

墨書／千里乃氏神、千里天神　印／千里天神
●「千里乃氏神」とはこのエリアで古い時代から、この神社が人々に信仰されてきたことを表しています

お守り

「天神さまの鷽（うそ）守り」（500円）。鷽は古くから災難を除き福を招くといわれる鳥。学業守りとしても人気があります

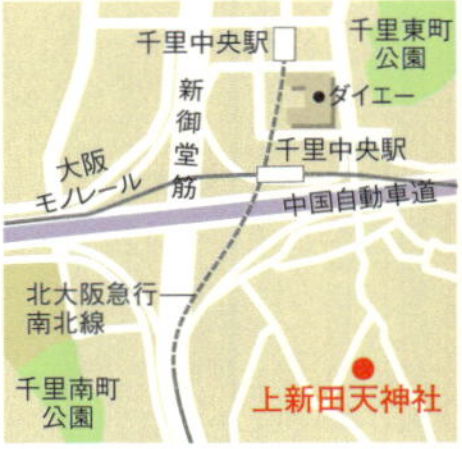

DATA
上新田天神社（千里天神）
創建／1616年
本殿様式／一間社流造
住所／大阪府豊中市上新田 1-17-1
交通／市営地下鉄「千里中央駅」、大阪モノレール「千里中央駅」から徒歩８分
拝観時間／自由
拝観料／無料

現在の本殿は 1686 年に再建されたもの。柱や梁に唐獅子や猿などの図絵が施され、江戸中期の面影を今に残し、市の文化財に指定されています。

御祭神

豊國大明神《トヨクニダイミョウジン》

他にも
良縁成就
などの御利益が……

やる気チャージでどんどんステージアップ

京都 豊《とよ》國《くに》神《じん》社《じゃ》

御祭神は豊臣秀吉。境内のあちこちには豊臣家の家紋である桐紋の意匠がほどこされています。

豊臣秀吉は、織田信長に仕えて智恵と度胸で次々にステージを昇り、天下統一までいった人。だからビジネスの成功祈願の御利益を授かります。御朱印は華やかでおめでたい感じ。かわいいヒョウタンの印も押してあります。出世・開運の神社にふさわしく、墨書に勢いが感じられます。仕事や現状に行きづまりを感じたら、この印を見れば、やる気をチャージできるはず。

神社の方からのメッセージ

金色の桐印は期間限定

ご参拝の皆さんが気持ちよく、お過ごしになれるよう心がけています。金色の桐紋の印は正月三ヵ日と旧暦の元日、毎月 18 日のみの押印です

墨書／奉拝、寿比南山関白福如東海（寿命も福も長く大きくの意味）
印／豊臣家の家紋の桐紋、出世開運豊國神社、ヒョウタン印のなかにとよ国のやしろ　●ヒョウタンは秀吉の馬印です

御朱印帳

表紙には家紋の桐。裏には秀吉のサインである花押の柄。全体にシックな色調（1000 円）

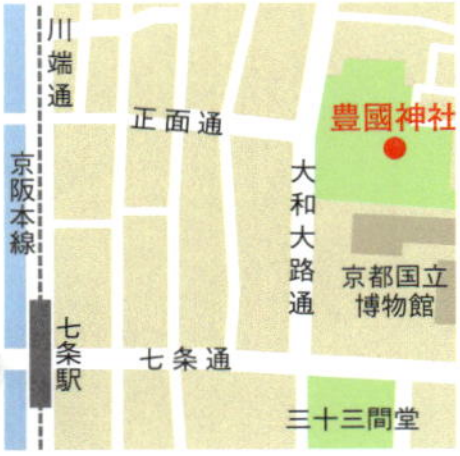

DATA

豊國神社

創建／ 1599 年
本殿様式／一間社流造
住所／京都府京都市東山区大和大路正面茶屋町
交通／京阪「七条駅」から徒歩 10 分、市バス「博物館三十三間堂前」から徒歩 5 分
拝観時間／自由。宝物館は 9:00 ～ 16:30
拝観料／ 300 円（宝物館）

社殿は 1880 年の再建。唐門は伏見城の遺構で鯉の滝上りの彫刻などが施され豪華絢爛。国宝に指定されています

仕事◆学業

他にも
国家鎮護
航海安全
などの御利益が……

主祭神
・伊弉冊尊《イザナミノミコト》
・速玉男尊《ハヤタマヲノミコト》
・事解男尊《コトサカヲノミコト》

未来への航海に力強い追い風が吹く

沖縄 波上《なみのうえ》宮《ぐう》

その昔、熊野権現のお告げにより、祈願成就の霊石を安置するため社殿が建てられたのが創建の最初だとか。

神社の方からのメッセージ

「なんみんさん」と親しまれています
当社は地元の人々に「なんみんさん」と呼ばれ親しまれてきました。沖縄港を望む場所に位置していますので、晴れ渡る海や波風にやさしいエネルギーを感じていただけるのではないでしょうか

境内も、社殿も、沖縄らしい明るい雰囲気。手水舎や拝殿の屋根は朱色の琉球瓦葺《りゅうきゅうかわらぶき》です。拝殿の両脇ではシーサーが迎えてくれて、ここにいるだけで元気が出ます。神社のある場所は琉球の人々が海の神様に天候の安定や航海の安全、豊漁豊穣を願い、祈りを捧げてきた聖地。強いパワーで、未来に向かって漕ぎ出す人に追い風を送ってくれるはず。

墨書／奉拝、沖縄総鎮守、波上宮　印／玻名城波上宮
●墨書に「沖縄総鎮守」とありますが、神社では琉球王国の総鎮守であるとも述べています。海の水しぶきを想起させる躍動感のある墨書

お守り

「紅型守」（500円）は健康守護のお守。袋には沖縄の伝統工芸「紅型（びんがた）」を使用しています

DATA
波上宮
創建／不明（1368年ごろと思われる）
本殿様式／流造
住所／沖縄県那覇市若狭 1-25-11
交通／「県庁前」バス停から路線バス5分、「西武門」下車、徒歩3分
拝観時間／自由
拝観料／無料

境内右側を降りると海辺にでることができます。海辺からは崖の上に社殿を構える風景がよく見えます

まだまだ
あります！

仕事◆学業 神社の御朱印

社名を中心に書いた
御朱印は堂々として、
見るたびに仕事や学業
向上を祈願した際の
気持ちが蘇るでしょう

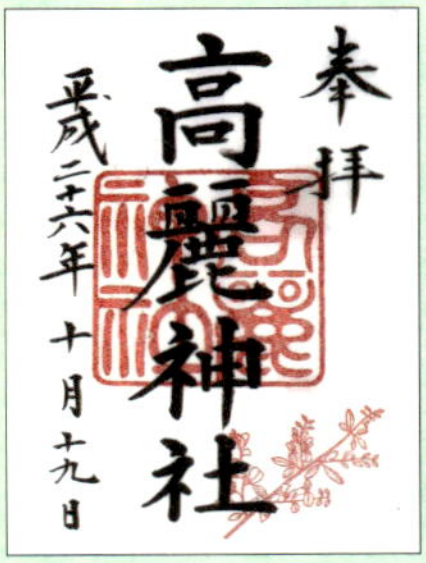

高麗神社《こまじんじゃ》

埼玉
日高市新堀 833

高句麗からの渡来人、高麗王若光（こまのこきしじゃっこう）を祀っています。参拝した政治家が、相次いで総理大臣となったことで、「出世明神」と呼ばれるようになったとか。御朱印の右下の花の印は毎月変わるので、何度でもお参りしたくなります。

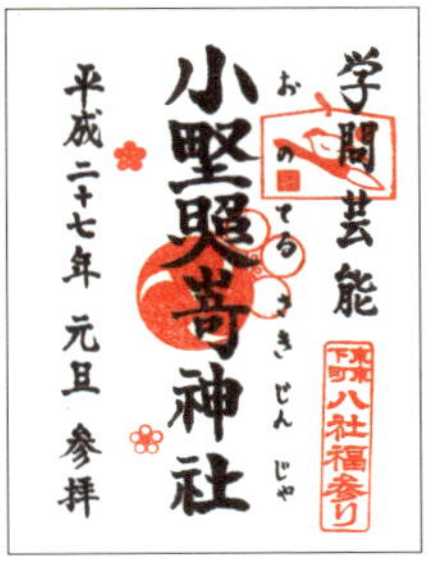

小野照崎神社《おのてるさきじんじゃ》

東京
台東区下谷 2-13-14

主祭神は平安初期に学者・歌人・政治家としてマルチに才能を発揮した小野篁（おののたかむら）。学問と芸能のご神徳があり、芸能志望者や若手芸人などが訪れます。御朱印には文鳥が描かれた絵馬の印が押されます。

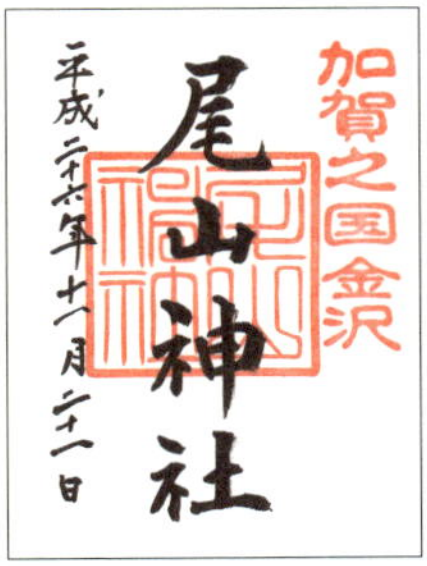

尾山神社《おやまじんじゃ》

石川
金沢市尾山町11-1

百万石を築いた前田利家と妻のお松の方を祀り、和洋折衷の神門が金沢の象徴とされているなど、まさに加賀を代表する神社。御利益は商売繁盛、家内安全、必勝祈願です。御朱印の「加賀之国金沢」という印が印象的。

戸隠神社《とがくしじんじゃ》 中社《ちゅうしゃ》

長野
長野市戸隠 3506

祭神の天八意思兼命（アメノヤゴコロオモイカネノミコト）は、天岩戸伝説で、天照大神（アマテラスオオカミ）を岩戸から出させる案を考えた知恵者の神。御利益は学業成就・商売繁盛などです。御朱印の下の方にちょこんと押された「中社」の印がかわいらしい。

伏見稲荷大社《ふしみいなりたいしゃ》

京都
京都市伏見区深草藪之内町 68

全国に約３万社あり、もっとも身近な神社ともいえる「お稲荷さん」。その総本宮が伏見稲荷大社です。商売繁昌、産業興隆などの神として信仰されています。御朱印の墨書も印もシンプルだからこそ、総本宮としての格式の高さを感じさせます。

阿智神社《あちじんじゃ》

岡山
倉敷市本町 12-1

宗像三女神をお祀りする倉敷の総鎮守。海の交通を守る三姉妹は商売繁盛、交通交易の神としてだけでなく、財宝、芸術、美の神としても信仰されています。御朱印中央の印は神社名を藤の花、磐座（いわくら）、鶴、亀が囲んでおり、なんともにぎやかです。

一宮神社《いちのみやじんじゃ》

徳島
徳島市一宮町西丁 237

大宜都比売命（オオゲツヒメノミコト）という衣食・農業・商業・開運の神を祀ることから、五穀豊穣や商売繁盛の御利益を授けると言われる神社です。右側に徳島市宮　町と、地名が書かれた珍しい御朱印です。

土佐神社《とさじんじゃ》

高知
高知市一宮しなね 2-16-1

御朱印にも「土佐国一宮」の印が押される通り、高知の一ノ宮です。国土開拓と産業の繁栄をつかさどる神様・味鋤高彦根神（アジスキタカヒコネノカミ）と、あらゆる問題をひと言で解決して調和してしまう一言主神（ヒトコトヌシノカミ）をお祀りしています。

宿坊に泊まる

社寺の宿泊施設を宿坊といいます。全国には宿坊を備えた社寺がいくつもあり、昔は神職者のための施設でしたが、今は誰でも宿泊が可能です。御祈祷や滝行など貴重な体験ができる宿坊もあります。

新宿から電車で約2時間の場所にある御岳山の宿坊、神乃家「山楽荘」は武蔵御嶽神社の神主・片柳至弘さんが営む宿坊です。周囲は奥多摩の深い緑。宿のそばにはムササビの巣もあり、かわいい姿を見せることもしばしばとか。建物も自然環境にふさわしく、御岳山の御神木とされる神代杉を使った純和風で心が和む佇まい。「時間を忘れてゆっくり過ごしてください」と片柳さん。

食事は野菜や川魚、自家製コンニャク、イノシシ鍋など、まさに山の幸が並びます。

「野菜は自家菜園で私が育てたものなんです。もちろん有機肥料で、無農薬。安全で新鮮な食材です」。

一日の疲れを癒やしてくれるのはお風呂です。浴室に入ると薬草の匂いがします。「水は滝行の場所の水から引いて沸かし、薬草は天然のものをブレンドしてあります。ぽかぽかと体が温まるのが特長。ゆっくり疲れを癒やしてください」。

翌朝は希望すれば滝行や御祈祷に参加できます。滝行は女性の参加者が多く、「滝に打たれてすっきりしたという感想をよく聞きます」。

注目は朝の御祈祷参列者にいただける色紙。片柳さんが直筆で、「自分を大切に」など一人ひとりに相応しい言葉と絵を書いてくださいます。その言葉が占いのようにズバリと刺さると評判です。

身体に
よさそうな
食材ばかり

夕食

食材の一部は神様に供えてから調理。神と人とが楽しめる「神人の膳」と名づけられている

ヒェ〜
わたしにも
できるかしら

滝行

朝5時より、宿坊から徒歩40分ほどの「綾紘《あやひろ》の滝」で片柳さん指導のもと体験できる。4〜11月頃まで実施。指導料2000円、装束は貸与（有料）

御祈祷

朝6時半ごろから、翔鶴の間と名づけられた祈りの部屋に祀られた神殿の前で、朝の御祈祷（朝拝）に参列できる。玉串料2000円

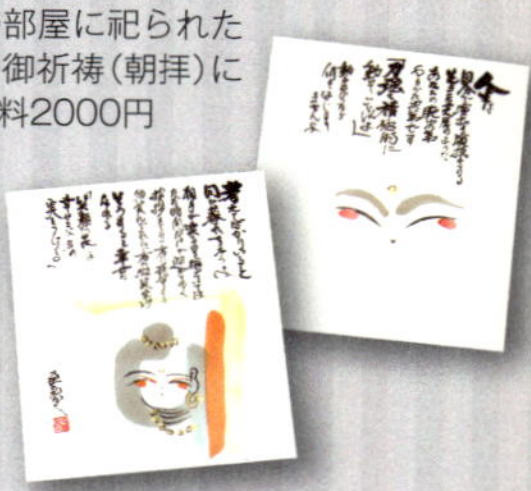

朝拝参列者がいただける色紙には、片柳さんの直筆メッセージが

自然の中で
のんびり

宿坊

廊下や広間には宿と縁のあった川合玉堂や吉川英治など文化人の書画を展示

いい湯だな
ハハッハー♪

お風呂

お風呂は薬草を使用した薬湯。薬草は自家菜園で栽培したものや周囲の山で採取したもの。天日で干して使用する

お問い合わせ
宿坊 神乃家 山楽荘
東京都青梅市御岳山108
TEL.0428-78-8439

宿泊料金　8500円〜1万500円（平日2名以上）
9500円〜1万1500円（休前日2名以上）
※料理の内容により料金が変わります。

Part6 レア御利益

人の抱える願いや悩みはそれぞれです。
八百万《やおよろず》の神が宿る神社。その御利益は多岐に渡ります。
ちょっと珍しい御利益のある神社をご紹介します。

- 安井金比羅宮（京都）
- 高家神社（千葉）
- 日根神社（大阪）

まだまだあります！
【レア御利益】神社の御朱印

レア御利益

主祭神

崇徳天皇《ストクテンノウ》

他にも
断ち物、断ち事
縁結び、交通安全
などの御利益が……

悪縁をスッパリ切って良縁ゲット！

京都 安井金比羅宮《やすいこんぴらぐう》

こちらの御利益はズバリ悪縁切りの神社。「縁切り縁結び碑《いし》」を表からくぐると悪縁を切り、裏からくぐると良縁を結ぶそうです。

神社の方からのメッセージ

御朱印は神様の印です
御朱印は神様の印ですから、御朱印帳は大切に扱っていただくと御利益があるかと思います

縁切り縁結び碑
縁切り縁結び碑は本殿の前にあり、願いごとが書かれた形代がびっしりと貼られています。碑の中央に開いた穴をくぐります

境内にすえられた縁切り縁結び碑は高さ1.5m。幅3mの巨石です。その中心には穴が開き、神様の力が注がれ、満ちているとされます。縁切り縁結び碑のくぐり方ですが、まず形代《かたしろ》というお札に切りたい縁、結びたい縁などの願いごとを書きます。その形代を持って最初に表からくぐり悪縁を切り、その後、裏から表にくぐって良縁を結びます。その後、形代を碑に貼り付けます。

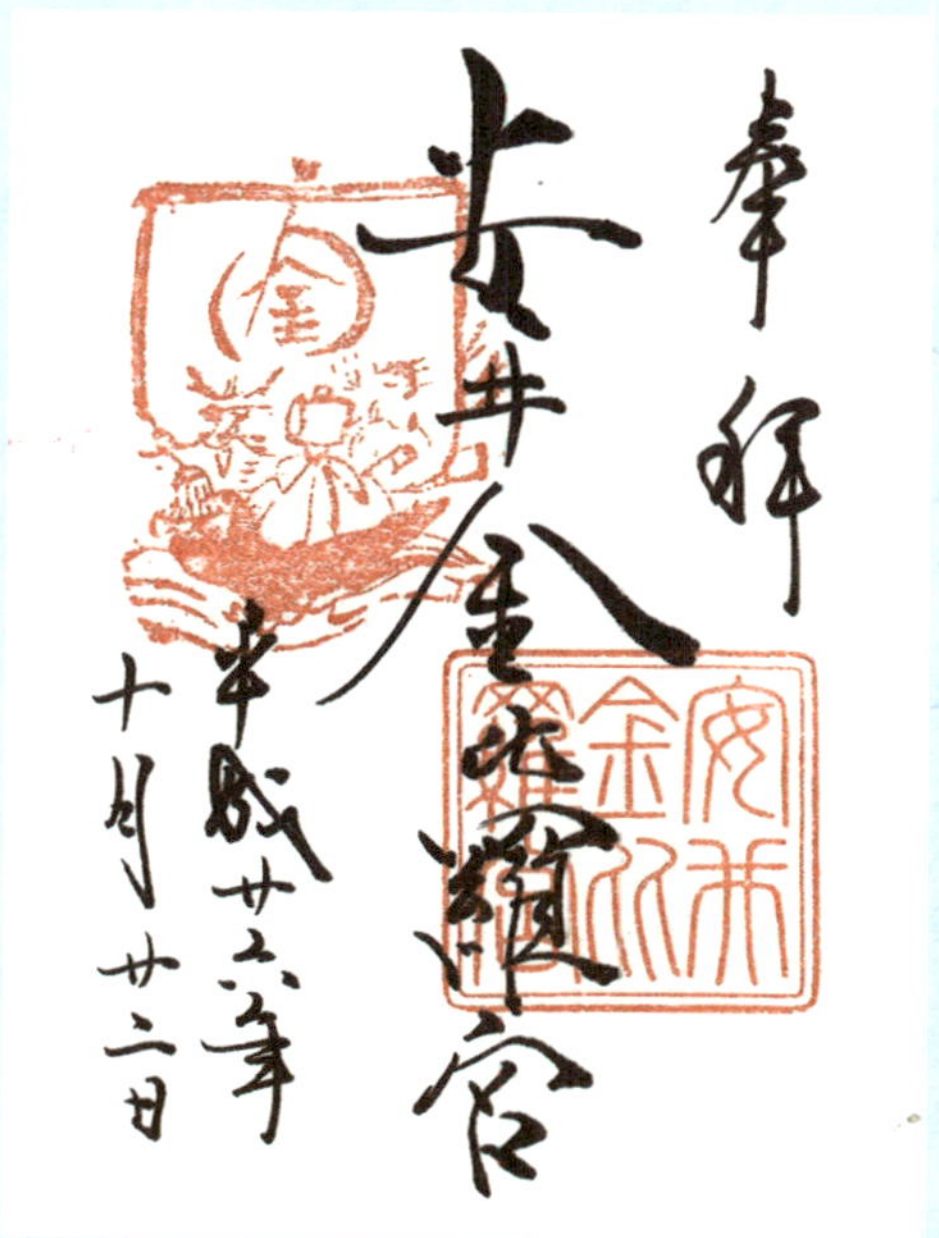

墨書／奉拝、安井金比羅宮　印／安井金比羅宮、宝船の印
●人々に幸運や財宝をもたらす縁起のよいお宝満載の宝船の印です

授与品

「悪縁切御守」（500円）はさまざまな悪からの縁切りに霊験があるとされています

DATA
安井金比羅宮
創建／平安時代末期
本殿様式／入母屋造
住所／京都府京都市東山区下弁天町70
交通／市バス「東山安井」から徒歩1分、京阪「祇園四条駅」から徒歩10分
拝観時間／自由
拝観料／無料

形代は白紙で作られているお札です。碑の左側の台に用意されています。形代をいただくときにはお賽銭箱に100円程度のお賽銭を納めます。

料理上手になりたいなら必訪！

千葉 高家神社《たかべじんじゃ》

日本で唯一、料理の神様が祀られています。
10世紀からあると言われている歴史ある神社です。

主祭神
磐鹿六雁命《イワカムツカリノミコト》

他にも
家内安全
健康
などの御利益が……

神社の方からのメッセージ

家庭円満の秘訣は料理です

料理上手は家族の食卓を豊かにし、生活に潤いをもたせます。家庭円満の秘訣といえるかもしれません。料理上達の祈願をかなえてくれるお守りなど授与品も多数揃えております。ぜひ、ご参拝ください

趣きある茅葺《かやぶき》屋根の本殿に祀られている御祭神は、房総の地を訪れた第12代景行天皇にカツオとハマグリを調理して献上したところ、料理の技を賞賛されたという料理人。さすがは料理の神様をお祀りしている神社。調理師免許の受験前の人、プロの料理人や飲食店関係者のお参りが多いと聞きます。ヒゲタ醤油の工場内にも、こちらの神様が祀られているそうです。

墨書／安房国千倉町鎮座、料理祖神高家神社　印／高家神社の社印
●“安房国”は“あわのくに”と読み、南房総のこと。中央朱印の模様は雲を図案化したもので寺社の紋としてよく使用されます

授与品

「料理上達御守」(800円)は神事・庖丁式の様子と社殿が描かれています

DATA
高家神社
創建／ 927年以前
本殿様式／神明造
住所／千葉県南房総市千倉町南朝夷164
交通／ JR内房線「千倉駅」からバスで「関谷医院入口」下車、徒歩10分
拝観時間／自由
拝観料／無料

5月17日、10月17日、11月23日に行われる庖丁式は日本料理の伝統を今に伝える儀式。庖丁と箸を使い、手を触れずに魚を調理します。毎月17日には使い古した包丁を納めた庖丁塚に祈りを捧げる庖丁供養が行われます

レア御利益

他にも
子授け、安産
などの御利益が……

主祭神

・鵜葺草葺不合命《ウガヤフキアヘズノミコト》
・玉依毘売命《タマヨリヒメノミコト》

日本でここだけ。安眠の神様

大阪 日《ひ》根《ね》神《じん》社《じゃ》

御祭神は４人の子宝に恵まれた夫婦神。これにあやかり、安産を願う女性が枕を奉納したことから安眠の神様になりました。

神社の方からのメッセージ

遠慮なくお声かけください

当社は静かな郊外にあり、お参りの方とのんびりお話を楽しませていただいております。遠慮なく声をかけていただければ幸いです

まくら祭り
祭りでは枕をつけた３基の竹ざおが市内を練り歩きます

「当社の御利益が安眠というのはまくら祭に由来すると思います」と神社。例大祭は１３００年以上前に始まり、江戸時代頃から長い竹ざおに色とりどりの飾り枕をつけて練り歩くまくら祭になりました。子宝を願う女性が枕を奉納したのが始まりと言われます。枕が眠りを連想させ、不眠に悩む人の参拝が増えたのだろうとのことです。安眠祈願では、普段使っている枕のお祓いもしてくれます。

墨書／奉拝、日根神社　印／菊の印、日根神社、式内社、元府社、大井関大明神、日根神社泉州五社の一、大阪府泉佐野市日根野
●泉州五社とは和泉国（大阪府南西部）の主要神社五つのことです

授与品

「枕のお守り」（500円）はまくら祭りで飾られる枕をモチーフにしたお守り

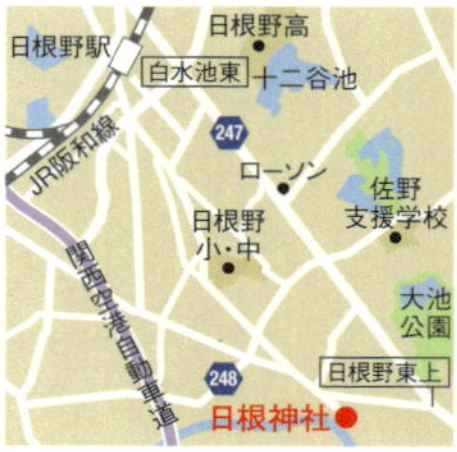

DATA
日根神社
創建／紀元前663年
本殿様式／春日造
住所／大阪府泉佐野市日根野631-1
交通／JR阪和線「日根野駅」からバスで「東上」下車すぐ
拝観時間／自由
拝観料／無料

まくら祭りは例大祭で５月４日、５日に行われます。約５mの竹ざおに25個の枕をつけます。25個の枕は地域の女性が手作りしています

まだまだありま す!

レア御利益 神社の御朱印

墨書や印のデザインに工夫を凝らした御朱印が多いのはさすがにレアな御利益の神社ならではです

来宮神社《きのみやじんじゃ》

静岡

熱海市西山町43-1

「禁酒」の神として古くから信仰され、禁酒のための参拝者が後を絶たたず訪れます。禁酒に成功した人はなんと1万人以上。現在は賭け事や甘味断ちの祈祷などもできるそう。御朱印に「日本三大大楠」とあるようにクスノキが御神木の神社です。

加《か》波《ば》山神社《さんじんじゃ》

茨城

桜川市真壁町長岡 891

境内社として「たばこ神社」があり、毎年9月5日には「きせる祭り」が開かれるなど、たばこに縁深い神社。たばこにまつわる御利益があるとされ、禁煙を願う人も参拝するとか。御朱印の天狗の印は、加波山が天狗が住む神の山と伝えられることにちなみます。

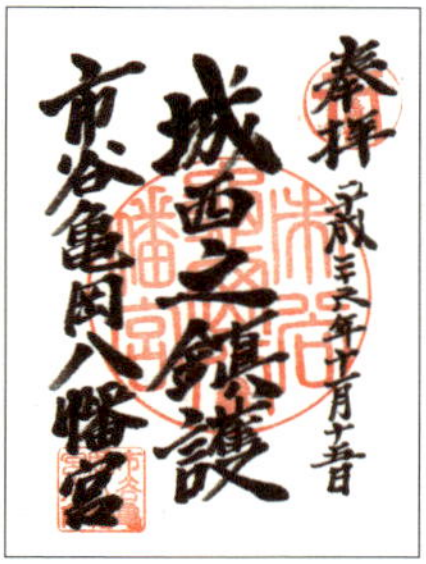

市谷亀岡八幡宮《いちがやかめがおかはちまんぐう》

東京

新宿区市谷八幡町 15

2000年に「ペットと一緒の初詣」を開始して以来、「ペットの個別の御祈祷」や「七五三」などペットに特化した祈願を行う神社。ペットお守りも授与し、参拝客が増えているそうです。御朱印は大きな丸型の社名の印に「城西之鎮護」の墨書が力強さを感じさせます。

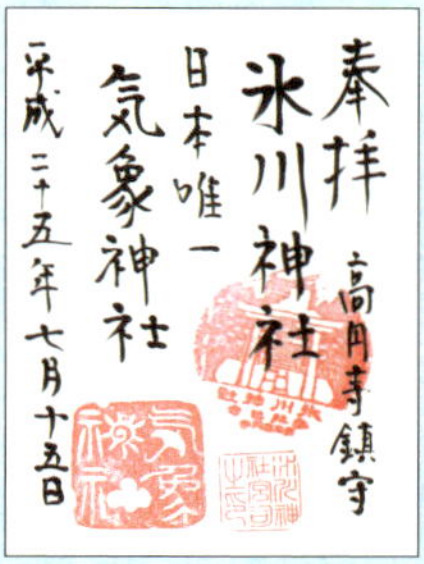

気象神社《きしょうじんじゃ》

東京

杉並区高円寺南 4-44-19

御朱印にも「日本唯一」とあるように、日本でただひとつ、お天気の制御を祈願する神社です。東京・高円寺の氷川神社の境内末社で、氷川神社の御朱印と一体になっています。神社印は天気予報の晴・曇・雨のマークを思い起こさせる意匠です。

松島神社《まつしまじんじゃ》

東京

中央区日本橋人形町 2-15-2

「良夢札」というお札が人気の神社。お札の中の用紙に願いを書き、お札を枕の下に入れて眠ると、いい夢が見ることができ、お札を神社に返せば正夢になるといわれています。御朱印は「二つ穂抱き稲に鳳凰」の神紋の印、神社名の印のバランスがステキです。

豊満神社《とよみつじんじゃ》

滋賀

愛知郡愛荘町豊満 392

「ほうまんじんじゃ」とも読める神社名から、御利益は美人祈願、容姿やスタイルの向上と口コミが広がり、近年、全国各地から参拝客が集まるようになったとか。御朱印に押された建造物の印は神社の「四脚門」。国指定重要文化財にも指定されています。

御朱印を頂きに行こう!

御朱印初心者の　御朱印さんぽこぼれ話

社務所で御朱印の順番を待っていると、目にはいるのが他の方の御朱印帳。ちらっと横目で見ながら「出羽三山の御朱印帳だ! 山形まで行ったんだ、すごい!」「御朱印帳カバー手作りだー。かわいいなぁ」なんて思いながらニヤニヤ。皆さん自分の御朱印帳に愛着を持って大切にされてるんだなと感じました。私もがんばってカバー作ってみようかな?

編集後記

私の凄い御利益神社はココ！

☆ 本書掲載の神社はどちらも御利益特大。個人的に凄かったのが、椿大神社（→ P.102）。参拝の3週間後に、学生時代の友人と再会。その友人と翌年、結婚しました（編集 I）

☆ 出雲の神社全部です（→ P.36-41）。参拝後、恋愛だけでなく仕事や友人関係でも新しい出会いや懐かしい再会が続き、"縁結びパワー"を感じています。（ライター H）

☆ 仕事運の向上を願って神田神社（→ P.66）へ。「しごとのおまもり」と「勝守」を購入して、数日後。提案していた企画がとおり、さあがんばるぞという気持ちで仕事をしています。（編集アシスタント K）

☆ 銭洗弁財天宇賀福神社（→ P.106）でお財布の中のお金を洗って浄化しました。その月のお給料はいつもよりアップ、彼氏から突然のプレゼントも貰えました！（編集 Y）

地球の歩き方　御朱印シリーズ 07

御朱印でめぐる全国の神社〜開運さんぽ〜
2015年3月13日　初版発行
2015年12月22日　初版第4刷発行

著者 ● 『地球の歩き方』編集室

発行所 ● 株式会社ダイヤモンド・ビッグ社
〒104-0032 東京都中央区八丁堀2-9-1
編集部　TEL.（03）3553-6667
http://www.arukikata.co.jp/

発売元 ● 株式会社ダイヤモンド社
〒150-8409 東京都渋谷区神宮前6-12-17
販売　TEL.（03）5778-7240

印刷製本 ● 開成堂印刷株式会社

企画 ● 株式会社ワンダーランド〔馬渕徹至・山下将司・岡田裕子〕
編集 ● 岡田裕子・山下将司
執筆 ● 小川美千子・中村晴美
アート ディレクター ● 福地一〔株式会社ワンダーランド〕
デザイン ● 北原瑛美・湯浅祐子〔株式会社ワンダーランド〕・吉田麻衣
イラスト ● 湯浅祐子・北原瑛美〔株式会社ワンダーランド〕
マップ制作 ● 齋藤直己〔アルテコ〕
撮影 ● 入交佐妃・山路敦子・新井谷武廣
モデル ● 佐藤優美

取材協力 ● 島根県商工労働部観光振興課・三重県観光キャンペーン推進協議会・和歌山県知事室広報課
編集・制作担当 ● 今井歩

©Diamond-Big Co., Ltd. 2015
ISBN 978-4-478-04696-8

落丁・乱丁本はお手数ですが小社販売宛にお送りください。
送料小社負担にてお取替えいたします。
ただし、古書店で購入されたものについてはお取替えできません。

無断転載・複製を禁ず　Printed in Japan